| 论衡 |

带献帝去旅行

历史书写的中古风景

徐冲 著

上海人民出版社

目　录

自　序

从2008年博士毕业算起，成为一名“专业”的历史学者，竟然也有十五年的时间了。

这个身份赋予我能够栖身于大学教育机构经营学院生活的正当性与责任感，却也因了历史学的“返思”本质，对体制化的学者生涯始终抱有某种不安感。这种感觉持续而反复地出现在每年秋季学期复旦历史系本科生必修课“中国古代史(上)”的授课过程中。无论是深夜备课还是课堂讲授，我时常能体验到察觉历史路径的瞬间对人类心灵的直击。这种体验类似纳博科夫形容狄更斯小说艺术时的评价：

> 虽然读书时用的是头脑，可真正领略艺术带来的欣悦的部位却在两块肩胛骨之间。可以相当肯定地说，那背脊的微微震颤是人类发展纯艺术、纯科学的过程中所达到的最高的情感宣泄形式。(《文学讲稿》，申慧辉等译，上海译文出版社，2018年，第72页)

我逐渐明了这种历史学体验无法用“学术论文”的专业方式来完整地记录和表达，但它却可能是当年驱使少年的我投身于历史学研究的原动力之一。

大概是在这种情绪的作用之下，自 2015 年以来陆续撰写了若干小文章，尝试和更多并不具备专业身份的朋友分享自己的一些研究心得。特别要感谢陆灏先生和李纯一女士，允许这些文采全无的扭捏文字多次占用了《文汇学人》的版面，也因此得到了不少师友的肯定。主持“论衡”丛书的张钰翰先生鼓励我把这些文字结集，同时也收录其他一些已经发表的拉杂篇什，凑成了这本“杂拌儿”。

书名“带献帝去旅行”本是书中一篇小文的标题，借用来隐喻全书的旨趣。对于作为文本的“历史”和作为事实的“历史”之间的关系，我向来抱持一种谨慎态度。后者一旦诉诸前者，就只能是带有特定目的的历史书写；而前者却是我们与后者之间唯一的桥梁。这一矛盾决定了站在时间的尽头回望，纵然是具备专业训练的学者，看到的也只是单调的风景。固然，连续的风景也可以构成故事，说不定也很有说服力。但有些人仍然怀抱奢望，妄想把风景从历史书写的多重束缚中解放出来。

这样的工作确实也只能是“奢望”。当年撰写小文《带献帝去旅行》时，感慨于各种文献中的“献帝”都戴假面而舞，在结尾处写到：

> 搁笔之际，不禁玄想，若可造访过去，你希望去看看哪个历史时刻的献帝呢？我的答案是兴平二年(195)

十二月庚申。在那个寒冷冬夜，东归的献帝朝廷于弘农曹阳亭为李傕、郭汜军所追及，惨遭屠戮。献帝一行狼狈爬下十余丈的黄河高岸，方得登船北渡。其余不得渡者甚众，争相赴水攀船，据说“船上人以刃栎断其指，舟中之指可掬”。面对一船公卿、后妃与残指，回望渐行渐远的高岸屠场，那个惊魂未定的少年天子，或曾有过转瞬即逝的本色流露。

文章发表后，承老友游逸飞兄告知，“舟中之指可掬”的场景也是化用了《左传·宣公十二年》书写晋楚邲之战的典故，不禁哑然失笑。

“风景”无处不在，且听风吟吧。

徐　冲

2023年9月25日草于海上柚庐

“禅让”与魏晋王权的历史特质

石勒的非主流评价

十六国时代后赵(319—352年)的开国君主石勒(274—333年),曾经在功成酒酣之际,向大臣徐光询问自己可方于往古何帝。对于这样的终极之问,徐光及时给出了“轩辕之亚”的安全答案。史载石勒笑曰:

> 人岂不自知,卿言亦已太过。朕若逢高皇,当北面而事之,与韩彭竞鞭而争先耳。脱遇光武,当并驱于中原,未知鹿死谁手。大丈夫行事当礌礌落落,如日月皎然,终不能如曹孟德、司马仲达父子,欺他孤儿寡妇,狐媚以取天下也。朕在二刘之间耳,轩辕岂所拟乎![1]

石勒的回答颇堪玩味。这段文字目前可以追溯到的最早史源是北魏崔鸿所著的《十六国春秋·后赵录》[2]。虽然没有直接证据,庶几可以肯定是来自后赵自身的国史书写。石勒的上述发言当然经过了后赵史臣的润色,但对两汉魏晋四位开国君主的不同评价——前褒后贬——或许确实出自他的本意。理由在于四人“取天下”的方式有别。刘邦、刘秀以逐鹿中原的直接暴力成就王朝霸业，曹操、司马懿却是“欺他孤儿寡妇，狐媚以取天下”，远不够光明正大。

我们都知道魏晋王朝完成王权更替的方式是通过所谓的“禅让”。石勒对于这一方式的负面评价，虽然与后世《三国演义》所代表的曹、马之大众形象有暗合之处，但恰恰暴露出他作为曾经魏晋帝国治下的边缘人群一员，即使在翻身掌握大权之后，对于魏晋统治精英的理念还是相当隔膜的。在另外一个场合，面对前赵皇帝刘曜(？—329年)的“赵王”之封，石勒声言:“帝王之起，复何常邪！赵王、赵帝，孤自取之，名号大小，岂其所节邪?”这都可以说明他对于魏晋“禅让”的程序和原理缺乏基本了解，自然也谈不上欣赏与认同。这大概也是整个十六国时期北方“五胡”人群的普遍态度。纵使华夏人士与制度文化在十六国政权内部多有吸纳，“禅让”并不在其列。这一时期频繁异常的王权更替无一不是通过军事暴力成就来直接达成的。

然而纵观整个中古时代，肇始于汉魏交替的“禅让”却是王权更替的基本路径，石勒们的评价反倒显得有些“非主流”了。永嘉南渡，东晋自然延续司马氏的法统，继起的宋、齐、梁、陈南朝四代皆以禅让立国。北方的情况略复杂一些。十六国政权已如前述。北魏起于塞外，在拓跋政权统一华北的漫长过程中，与其他十六国政权及南朝的关系也以武力征伐和臣服支配为主。但以太和十七年(493)至十九年(495)的孝文帝迁都洛阳为标志,如所周知,北魏的统治体制和意识形态在各方面都发生了巨大转变,华夏传统被更成规模地整合进入北朝国家。典型表现就是自北魏末年的大乱局中崛起的北齐、北周两王朝,都选择了通过禅让来完成王权更替。东魏、西魏对立局面的出现,正是这一意识形态发挥作用的历史性表现。其后的杨隋与李唐皆袭其旧。尽管唐太宗后来也曾经以“欺孤儿寡妇以得天下”来贬损隋文帝[3],但当年其父李渊自太原起兵攻入长安后,即拥立隋宗室杨侑为帝,也是以未来的“禅让”程序为默认前提而采取的策略行动。

史上所见最后一次禅让,是宋太祖赵匡胤在陈桥驿“黄袍加身”后的即位仪式。史载“翰林承旨陶谷出周恭帝禅位制书于袖中,宣徽使引太祖就庭,北面拜受已,乃掖太祖升崇元殿,服衮冕,即皇帝位”[4],已经颇为敷衍。再往后,就是我们更加熟悉的徽钦二帝北狩、崖山之战与崇祯帝的景山了。是否禅让,与中国古代王权的历史进程若有符契。

仪式与模式

沿用达数百年之久的“禅让”,无疑是构成中国中古王权独特景观的重要元素。简单地将其理解为是权臣对于“篡位”的伪装与回护,与前述石勒们的非主流评价相比,其实并无多大进步。与其批判古人为“真小人”，莫如站在和他们同样的“伪君子”立场，努力理解这一王权更替模式的原理与运作，并借此探寻与之相应的王权之特质。

《上尊号碑》碑额拓片

就完整程序而言，作为一种王权更替仪式的“禅让”，要比前引赵匡胤即位时的草率情形复杂精致得多。如历史上首次成功实现的禅让即汉魏禅代的过程，在《三国志》卷二《魏书·文帝纪》裴松之注引的《献帝传》中留下了详尽记载。延康元年（220）十一月，魏国臣僚开始据多种符瑞图谶向魏王曹丕劝进。对此，魏王坚辞不受。当月十三日，汉献帝发布第一次禅让诏书，派御史大夫奉皇帝玺绶于魏王，尚书令、侍中等群臣劝进，诏书同时公布于天下。魏王坚辞不受。二十日，汉献帝发布第二次禅让诏书，尚书令、侍中等群臣劝进，魏王再次坚辞不受。二十五日，汉献帝发布第三次禅让诏书，相国华歆以下九卿劝进，这一次魏王最初仍然坚辞，但相国华歆以下九卿再次劝进后，即初步表示接受。二十八日，汉献帝发布第四次禅让诏书，尚书令等奏言：“臣辄下太史令择元辰，今月二十九日，可登坛受

《受禅表》拓片(局部)

命,请诏王公群卿,具条礼仪别奏。”魏王也不再推辞,直接令曰:“可。”其后就是正式的即位仪式,“登坛受禅,公卿、列侯、诸将、匈奴单于、四夷朝者数万人陪位,燎祭天地、五岳、四渎”。曹魏王朝于焉成立。

不可否认,以上程序的每一个步骤,无论是汉一方的反复劝进和让予,还是魏一方的从拒绝再到接受,应该都经过了事先的精心设计和准备。劝进主体不断升级,内容也步步深入,形成了一个关于汉魏交替“正当性”的整体论证方案。参与者可以说是在“演戏”,但更准确的说法应该是在履行“仪式”。仪式的作用主要不是在“外国”观众(匈奴单于、四夷朝者)面前宣示国威,而是通过这个漫长而又不可或缺的过程，让参与者们顺利完成新旧君臣身份及身份感的转换，新王权的正当性所在亦由此得到确认。

值得重视的是，接受汉献帝禅让天子之位的曹丕，其身份并非一般的汉廷大臣，而是“魏王”，即“魏国”之王。某种程度来说，禅让仪式的本质，就是“汉国”之主，将领有天下的资格与权力——象征性地表现于“皇帝/天子”之位——让渡给“魏国”之主。这是以一种模拟的“封建制”秩序为依托而实现的王权更替。西汉武帝时代以降，郡县制早已经成为中国古代国家的基本支配体制。东汉诸侯王并无实权，异姓大臣更是连封建为王的合法资格都不具备。现在汉魏交替过程中这一事先张扬的“封建制”，毋宁说是为了完成新旧王权交替而刻意设置的意识形态装置。

这一装置的设置并非始于曹丕。如所周知，曹丕的“魏王”身份继任于其父曹操。建安十八年(213)，在基本平定关中地区、完成华北大部统一后，汉献帝以冀州之河东等十郡册封曹操为魏公；二十一年(216)，进爵为魏王。曹操在建安二十五年(220)正月死去时，虽然并未登基称帝，但身份其实已经不是纯粹的“汉臣”。之所以这样说，不仅是因为他在生前所享受到的种种“不臣”待遇——如赞拜不名、入朝不趋、剑履上殿、设天子旌旗、冕十有二旒、驾六马，更为重要的是，封建魏国这一行动本身可以说就是以“禅让”的王权更替为终极目标的。就这一角度而言，讨论曹操是否想做皇帝是没有意义的伪问题。

更进一步说，早至建安元年(196)曹操做出迎献帝都许的政治决策并付诸行动时，以“禅让”模式完成新旧王权更替的设想或许就已经被模糊酝酿了。当时并非不存在其他政治选项。如袁绍阵营对于是否迎献帝就一直存有争议，袁术的僭号称帝也是因河内张炯之“符命”及“代汉者当涂高”之类的谶文，从中基本看不到新的“禅让”模式的可能迹象。曹操迎献帝都许，“挟天子以令诸侯”，不仅仅是一种功利化的政治策略，其中应该也包含了其周围集聚的精英士人关于未来王权更替模式的设想，而这种设想必定是与他们关于新王权起源的正当性理念相对应的。

“不臣而君”与“自臣而君”

简单说来，“禅让”模式与“逐鹿”模式的主要区别在于如何定位新旧王权之间的关系。新王权的创业者，身份本为旧王权治下的臣子，“旧臣”与“新君”这样两种看似矛盾的身份，如何在王权交替之际实现顺利转换？对这一问题的焦虑与应答，大概不仅是新王权成立后才刻意而为的历史书写，更是在新王权的起源过程中即如影随形的意识形态力量。换言之，新王权正当性的获得，与其采取的更替模式之间，呈现一种相反相成的互动关系。

先来看“逐鹿”模式的代表，为石勒赞赏有加的两汉王权。无论汉高祖刘邦还是东汉光武帝刘秀，均本为前代王朝之臣子，却又都是通过暴力路径来推翻前朝而建立新王朝的。也就是说，他们通过否定旧王权的正当性——同时也否定了自己曾经具有的“臣”之身份——来实现自身暴力行为的合法化，最终借由群雄逐鹿后的军事暴力成就将身份转换为“君”，新王权于焉成立。这一路径可称之为“不臣而君”。

以刘邦与刘秀即位前所受劝进之辞为例。《汉书》卷一下《高帝纪下》载诸侯劝进汉王刘邦曰，“先时秦为亡道，天下诛之”，“大王起于微末，灭乱秦，威动海内”。先将旧王权描摹为“亡道”“乱秦”，方可将原“秦臣”刘邦的反抗行为正当化。《后汉书》卷一上《光武帝纪上》载刘秀诸将劝进之辞亦曰：“汉遭王莽，宗庙废绝，豪杰愤怒，兆人涂炭。”又记其即位告天祝词曰：“王莽篡位，秀发愤兴兵，破王寻、王邑于昆阳，诛王朗、铜马于河北，平定天下，海内蒙恩。”也需要先将王莽定义为“篡位”且给天下人民带来涂炭之灾的无道暴君。两汉的前代王朝嬴秦与新莽之所以在后来成为了反面王朝的典型，除了它们自身的原因之外，与两汉王朝所采取的这种“不臣而君”的王权更替模式也甚有干系。

而在魏晋王权所采取的“禅让”模式下，新王权的创业者本为前代王朝之末代权臣，当然终究还是离不开军事暴力成就的保证，但与此同时，王权更替的路径却不是对于旧王权的暴力反抗与颠覆，而是通过前代皇帝将帝位“让”予新朝君主——以前述模拟的“封建制”秩序为依托——来实现的。在这一过程中，新王权的创业之主对于“旧臣”身份并未给予直接否定。相反，他的意识形态立场是将这一身份发扬光大，竭心尽力来平定前代王朝之末世乱局，由此成为旧王权之“功臣”，实现“臣”之身份的最大化。君臣身份的转换契机于焉开启，其后就是如曹操那样以功德封建，为公为王，遇以殊礼，身份一步步实现“去臣化”。最后接受前朝天子的禅让，正式即位，建立新朝。在“禅让”的王权更替模式下，新王权的创业之主，必须经历一个“自臣而君”的身份转换过程。这与两汉王朝的“不臣而君”形成了鲜明对比。

与“不臣而君”相比，“自臣而君”模式事实上对“君”与“臣”两个方面的政治伦理都提出了新的道德要求。“臣”对于旧王权的正当性和相应的臣子身份不再能够简单地直接否定，而是需要在“功臣”的角色扮演中寻觅新王权起源的契机。而对于这样的功臣，“君”也不能够继续垄断对天下的领有权，需要以无私让渡的方式来给予酬劳。“禅让”是王权更替的仪式，贯彻其中的则是君臣之间对于新君臣关系的默契理解。史载禅让完成之后，魏文帝曹丕曾经对群臣说：“舜、禹之事，吾知之矣。”[5]以往多将此言解作是对“禅让剧”的一种反讽。从以上分析来看，或许曹丕表达的是对这种新君臣关系的某种领悟和肯定。

与此同时，在“禅让”模式下，新王权创业者的暴力对象被从旧王权本身引导向了其下的诸末世群雄。而汉魏之际人们关于“驱除”的理解也发生了有趣的变化。“驱除”本义为驱赶、排除，但两汉时人常常将其名词化，代表者如《汉书》

卷九九下《王莽传下》篇末“赞曰”:“昔秦燔《诗》《书》以立私议,莽诵《六艺》以文奸言,同归殊途,俱用灭亡,皆炕龙绝气,非命之运,紫色蠅声,余分闰位,圣王之驱除云尔!”即将嬴秦和新莽分别视为刘邦/西汉王朝和刘秀/东汉王朝的“驱除”。这与前述“不臣而君”模式对待旧王权的态度是一致的。而世入魏晋,伴随着新王权创业之主需具备旧王权“功臣”身份这一意识形态的确立,驱除观念的应用对象也悄然转移到了参与逐鹿的诸末世群雄身上。如鲁肃对孙权论及“帝王之起,皆有驱除”时,举出的例子并非前代之东汉王朝,而是敌对蜀汉一方的关羽〔6〕,即为显证。

魏晋王权起源的历史书写

在以“禅让”模式完成王权更替后,魏晋统治精英仍然继续通过对王权起源的历史书写来张扬自身的正当性。首先来看《三国志·魏书》中一组尚较少为人关注的结构。在“本纪”与“诸臣传”之间,陈寿以三卷篇幅为董卓、袁术、袁绍、吕布、陶谦、公孙瓒等东汉末群雄立传。对此,唐代史家刘知幾在《史通·断限》中有着直言不讳的批评:

> 当魏武乘时拨乱,电扫群雄,锋镝之所交,网罗之所及者,盖唯二袁、刘、吕而已。若进鸩行弑,燃脐就戮,总关王室,不涉霸图,而陈寿《国志》引居传首。夫汉之董

> 卓，犹秦之赵高。昔车令之诛，既不列于《汉史》，何太师之毙，遂独刊于《魏书》乎？兼复臧洪、陶谦、刘虞、孙瓒生于季末，自相吞噬。其于曹氏也，非唯理异犬牙，固亦事同风马，汉典所具，而魏册仍编，岂非流宕忘归，迷而不悟者也？[7]

刘知幾所生活的中唐时代距离魏晋已有近五百年之久，显然并不理解陈寿的做法。像董卓、袁绍这些汉末群雄，与曹魏王朝创业之主曹操之间并不存在君臣关系，为何一定要以“列传”的形式置于“魏册”之中呢？在王权起源的历史书写中涉及群雄事迹当然不可避免，但刘知幾并不认可这种为群雄立传的做法。

然而事实上，类似结构不仅见于《三国志・魏书》，在《三国志・吴书》中也相当醒目。在“诸吴主传”与“诸吴臣传”之间，是刘繇、笮融、太史慈、士燮这些孙吴政权创业江东时主要对手的列传。而若把眼光延展到曹魏与孙吴两朝所修的“国史”，会发现这一结构的存在感更为惊人。以孙吴国史韦昭《吴书》为例，即使只能看到数量有限的佚文残篇，我们仍然可以肯定，在孙吴国史中立传的汉末群雄是远远超过了《三国志・吴书》的，并不仅限于江东一隅，而是与《三国志・魏书》所网罗的天下群雄几乎完全重合。当然也有明显不同的地方，《三国志・魏书》“本纪”的主角，在孙吴国史中是作为“汉末群雄”来立传的，蜀汉君臣待遇亦然。只不过陈寿在入晋后撰写《三国志》时，从曹魏正统的立场进行了大幅删削。可见在纪传体王朝史中为前朝之末世群雄立传，并非陈寿的个人创意，而是魏晋时期统治精英所共享的意识形态反映。结合前述对“禅让”模式下王权起源特质的解读，可以说这一结构在王权起源的历史书写中承担了独特功能，通过标示新王权的“驱除”之所在，来最大化创业之主相对于旧王权的“功臣”身份，以正当化“自臣而君”的身份转换过程。在这一意义上，前代王朝之末世群雄于新王权之成立不可或缺，或可将这一结构称之为“开国群雄传”。

在凸显新王权创业之主相对于旧王权的“功臣”身份方面，除上述“开国群雄传”外，魏晋王朝国史书写的“起元”方式在当时也极受重视。所谓“起元”，是指在国史书写中从何时开始使用新王权的“元年”纪年。我们知道，纪年并不是单纯的科学，而是代表着权力者对于政治世界时间秩序的控制与支配，也是历史书写的首要元素。此前汉武帝通过创制年号纪年将汉王朝的时间秩序扩展至包括诸侯王国在内的帝国全境，最终实现了“中国一统”，就是代表性的例子。《公羊传》曰：“元年者何？君之始年也。”在国史书写中何时开始“起元”，意味着新王权“君”的身份正式成立的转换节点。

以曹魏国史王沈《魏书》为例。此书已佚，但从《三国志》裴松之注引用的佚文中可以确认，王沈《魏书》“皇后传”的纪年采用了汉献帝建安年号。由此可以推测，书写曹操创业经纬的“太祖本纪”亦应行用建安纪年。在建安纪年下书写曹操之本纪，与他多年来在汉天子旗号下东征西讨的赫赫功绩相对应，凸显了汉王朝“功臣”身份对于曹魏王权起源的重要性。而禅让完成之后，曹魏国史即改用魏文帝之“黄初”年号纪年，也是无须多言的。

或许读者会有疑问，曹操“挟天子以令诸侯”，行用汉献帝建安年号是一个不争的“历史事实”，曹魏国史在进行历史书写时难道不是理应如此吗？事实上我们下面将会看到，新王权对自身起源过程的书写，“直书史实”并非唯一的选项。西晋王朝在讨论国史书写应该何时“起元”时，就出现了“用正始开元”“宜嘉平起年”和“从泰始为断”三种意见[8]。所谓“用正始开元”，是指在西晋国史中自正始元年(240)司马懿就任辅政之职后，就废弃曹魏王朝年号纪年，而改用“晋元年”之类的晋之纪年。“宜嘉平起年”则是将国史行用晋之纪年的时间点推迟到了嘉平元年(249)，此年司马懿发动高平陵之变，开始了司马氏的王权崛起之路。而所谓“从泰始为断”，则是要在司马炎受魏禅、晋王朝正式成立之后，国史书写方才开始以晋之年号“泰始”纪年。这并非意味着西晋国史不立“三祖本纪”，而是说在魏晋禅让程序完成之前，仍然要在曹魏王朝的年号纪年之下书写“三祖”。虽然出现了一定争议，但西晋国史书写“起元”的主流意见和实践结果都是“从泰始为断”。

“从泰始为断”，意味着魏晋禅让正式完成之后的泰始元年被设定为西晋王朝的“君之始年”。那么，此前的司马懿、司马师、司马昭所谓“三祖”的身份，也必定非“君”，而仍然是

“臣”。如陆机《〈晋书〉限断议》所提示的，“‘三祖’实终为臣，故书为臣之事，不可〔不〕如‘传’”[9]。西晋“三祖”为曹魏之臣，这固然是一个历史事实，因为他们与曹操一样，实际上没有即位称帝。但是在西晋成立后所撰国史本纪的书写中仍然坚持采用曹魏年号纪年，意味着对于新王权的君臣而言，作为创业之主的三祖需要呈现为曹魏王朝之“功臣”的形象。换言之，旧王权之“功臣”是新王权获致正当性的必要条件。

南北朝王权理念的反动

以上明确了魏晋新王权通过“禅让”模式表现出来的意识形态特征，以及与这种特征相表里的两种历史书写装置：“开国群雄传”与“禅让后起元”。而世入南北朝后，尽管王权交替表面上仍然袭用“禅让”模式（十六国政权自然不在其列），但在王权起源的历史书写中却可以观察到新的动向，折射出南北朝王权理念相对于魏晋时期的反动。

先来看南朝。留存至今的南朝四史之中，《宋书》最具规模。此书由沈约于南齐永明年间撰成，其基础则是徐爰在刘宋大明六年（462）修成的纪传体国史。沈约在《上〈宋书〉表》中特别言明，他在体例上对徐爰之书也进行了不小的删革。其中主要针对桓玄、谯纵、卢循等曾与刘宋创业之主刘裕逐鹿天下的东晋末群雄，沈约提出了“今并刊除，归之晋籍”的处理原则[10]。这当然不是说在《宋书》中对以上诸人的事迹只字不提,而是不为这些末世群雄专门立传之意。今天我们所见的《宋书》中"本纪"之后就是"诸臣传",确实看不到东晋末群雄列传的任何痕迹。不唯《宋书》,《南齐书》《梁书》《陈书》乃至《北齐书》《周书》莫不如此。可以说魏晋时代形成的"开国群雄传"结构,以沈约《宋书》为分水岭,被有意清除掉了。考虑到《梁书》《北齐书》等皆成于唐初,可以推测这种新结构的历史书写至少延续到了七世纪上半叶,并很可能决定了唐前期国史中对于隋末群雄的书写方式。今本《旧唐书》中赫然在列的"隋末群雄传",未必是唐前期国史的原貌。

由沈约所言的"今并刊除,归之晋籍"可以知道,刘宋大明六年(462)成立的徐爰所撰国史中,仍然按照"开国群雄传"传统为桓玄、卢循诸人专门立传。这说明在刘宋成立后相当长的一段时间之内,为统治精英所认可和书写的王权起源过程,仍然延续了魏晋以来的传统特质。这与学界以往关于刘宋的传统印象颇有不同。作为南朝的创始王朝,学者更多看到的是刘宋相对于东晋的断裂与革新之处。视刘裕为东晋"门阀政治的掘墓人"也好,强调刘宋皇帝权力的重振与"皇亲"的崛起也好,均与这一历史定位有关。这里当然无意否认南朝王权相对于魏晋的重大差别,但转折的节点是否必然与现实中的王朝更替同步而置于晋宋之际,则是可以讨论的问题。至少可以看到,创业之主刘裕所主导的刘宋王权起源的过程,仍然遵循了严格的"禅让"模式,持续了长达十五年的时间。在此过程中,我们仍然可以观察到相当多的"魏晋式”意识形态元素在发挥作用。刘宋国史中保留以《桓玄传》为代表的“开国群雄传”即为显例。

但实际上，当年徐爰在大明六年(462)撰修国史之际，就已经对这一传统提出了挑战。他在给朝廷的上表中首先批评了《三国志·魏书》为董卓、袁绍等人立传的做法，继而明确提出“其伪玄篡窃，同于新莽，虽灵武克殄，自详之晋录。及犯命干纪，受戮霸朝，虽揖禅之前，皆著之宋策”[11]。即桓玄可立传于“晋录”记其本末，而“宋策”只需在本纪中作为刘裕创业平定的对象提及即可。这与前述刘知幾关于汉末群雄不当“汉典所具，而魏册仍编”的表态是完全一致的，可谓新观念的先声。只是传统的影响并不容易消除，刘宋朝廷在经过“内外博议”之后仍然决定，“桓玄传宜在宋典”。真正实现对《桓玄传》的“驱除”，要到二十年后的沈约《宋书》了。

不过，徐爰提出的另外一项关乎王权起源书写的重大更革，却几乎得到了朝廷内外的一致赞成，即“宜依衔书改文，登舟变号，起元义熙，为王业之始”[12]。如所周知，“义熙”是刘裕起兵击灭桓玄、迎还晋安帝复位后所改之年号，其历史意义相当于“建安”之于曹操。此后刘裕逐步掌握了朝廷实权，在东征西讨的同时，亦开始身份的“去臣化”进程，直至永初元年(420)接受晋禅，正式建立刘宋王朝。按照前文对“起元”的理解，“起元义熙”意指在刘宋国史中，自义熙元年(405)开始就废弃晋之年号“义熙”，而改用“宋元年”之类的宋之纪年，来书写刘裕的创业经纬。与此一脉相承，檀超在负责南齐国史修撰时也将“开元纪号，不取宋年”列为国史“条例”之首[13]，主张国史应在齐之纪年下书写萧道成的创业事迹，尽管事实上宋齐禅代尚未完成。梁、陈两代国史虽未留下相关痕迹，推测亦当近之。“禅让前起元”由此成为了南朝王权起源书写的共识与通则。

南朝王权理念的新动向，在近百年后也波及北朝。表面上看，北齐、北周皆以“禅让”模式完成新旧王权更替，显示了北魏孝文帝迁洛后魏晋传统在北方的复兴。但这一模式所代表的魏晋精英关于王权起源正当性的理解，却未必能被北朝的统治人群所全盘接受。北齐时魏收监修国史，所确立的“起元”原则就是“取平四胡之岁为齐元”[14]。所谓“平四胡之岁”，指北魏永熙元年(532)，其年闰三月，北齐创业之主高欢在韩陵之战中击溃诸尔朱氏势力，由此奠定其霸业基础。在北齐国史中以“取平四胡之岁为齐元”，指从这一年开始就废弃北魏年号纪年，而以“齐元年”之类的齐之纪年来书写高欢事迹。这显然不是魏晋时代的“禅让后起元”，而与南朝后来确立的新原则保持了一致，本质上应该还是北朝后期统治精英关于王权理念的反映。如强力支持魏收主张的李德林即表示：

> 若欲高祖(高欢)事事谦冲，即须号令皆推魏氏。便是编魏年，纪魏事，此即魏末功臣之传，岂复皇朝帝纪者也?[15]

在北魏“号令(年号)”之下书写高欢的创业事迹,相当于将新王权的创业之主塑造为“事事谦冲”的“魏末功臣”形象,这是李德林们所不能接受的。值得注意的是,这一形象本是魏晋时期新王权起源的必要条件,与同时确立的“禅让”王权更替模式互为表里,现在却无法创造出为时人所认可的正当性。取而代之的,则是“平四胡”这样纯粹的军事暴力成就。

可以看到,从刘宋后期开始,尽管“禅让”作为一种制度资源仍然维持了相当长久的生命力(魏晋王权所创制的许多制度传统都有类似命运),但国史书写从“禅让后起元”清晰转变为“禅让前起元”,则说明在南北朝统治精英关于新旧王权交替的理念中,原来的“功臣”身份对创业之主不再构成强有力的约束,“创业”这一暴力成就本身即足以开启新王权起源的意识形态契机。这在一定程度上可以说是对于汉代传统的回归,只是由于“禅让”传统的强大影响,新王权的暴力并未如两汉王权那样直接导向旧王权自身。前述“开国群雄传”在南北朝的历史书写中终归于消失,与王权起源理念所发生的这一反动进程应该也是分不开的。

原刊《文汇报·文汇学人》2015年7月3日。曾作为附录收入拙著《观书辨音:历史书写与魏晋精英的政治文化》(北京:北京大学出版社,2020年)。详参拙著《中古时代的历史书写与皇帝权力起源》(上海:上海古籍出版社,2012年)单元一“起元”、单元二“开国群雄传”。

注释

〔1〕《晋书》卷一〇五《石勒载记下》,北京:中华书局,1974 年,第 2749 页。

〔2〕《太平御览》卷一二〇《偏霸部·后赵石勒》,北京:中华书局,1960 年重印商务影宋本,第 579 页。

〔3〕吴兢撰,谢保成集校:《贞观政要集校》卷一《政体第二》,北京:中华书局,2009 年,第 31 页。

〔4〕《宋史》卷一《太祖本纪》,北京:中华书局,1977 年,第 4 页。

〔5〕《三国志》卷二《魏书·文帝纪》裴松之注引《魏氏春秋》,北京:中华书局,1959 年,第 75 页。

〔6〕《三国志》卷五四《吴书·吕蒙传》,第 1281 页。

〔7〕刘知幾撰,浦起龙释,王煦华整理:《史通通释》卷四,上海:上海古籍出版社,1978 年,第 96 页。

〔8〕《晋书》卷四十《贾充传附贾谧传》,第 1173—1174 页。

〔9〕《初学记》,北京:中华书局,1962 年,第 503 页。

〔10〕《宋书》卷一〇〇《自序》,北京:中华书局,1974 年,第 2467—2468 页。

〔11〕〔12〕《宋书》卷九四《恩幸传·徐爰》,第 2309 页。

〔13〕《南齐书》卷五二《文学传·檀超》,北京:中华书局,1972 年,第 891 页。

〔14〕《北齐书》卷四二《阳休之传》,北京:中华书局,1972 年,第 563 页。

〔15〕《隋书》卷四二《李德林传》,北京:中华书局,1973 年,第 1197 页。

“二十四贤”与“汉魏革命”

汉献帝建安二十五年(220)春正月,曹丕接替死去的父亲曹操,嗣位为丞相、魏王。随即改建安二十五年为延康元年,很快启动了代汉建魏的程序。这是为一般读者所熟知的史事。不过很少有人注意到,在曹丕即丞相、魏王位之后,代汉建魏之前,还曾经有过一个未必可以忽略不计的政治动作,即所谓“二十四贤”的彰表。一般来说,在中国古代新王朝建立前后,对开国功臣进行彰表是很常见也容易理解的政治行为。著名的东汉云台二十八将、初唐凌烟阁二十四功臣皆为其例。然而曹魏在王朝建立前夕所彰表的“二十四贤”,却均为东汉中后期人物,其中没有一人属于曹操的创业集团阵营。更加值得注意的是,“二十四贤”中又有多位都属于东汉后期所谓的“处士”“隐逸”一流,即拒绝加入王朝为官而在家不仕之人。下面首先对“二十四贤”的史料来源做一介绍,继而分析其背后的历史脉络与政治意图,希望借此勾勒出“汉魏革命”重构的王朝新秩序的一面。

“二十四贤”的史料来源

曹丕在代汉前夕旌表“二十四贤”之事，不见于《三国志》及裴松之注，仅载于十卷本《陶潜集》所收的《集圣贤群辅录》中。是作收录了自杜乔至于皇甫规共计二十四位东汉人士，其后注曰：

> 右魏文帝初为丞相魏王所旌表二十四贤。后，明帝乃述撰其状。见文帝《令》及《甄表状》。[1]

众所周知，此一系统的陶集为北齐阳休之所编成，其中的《五孝传》《四八目》(即《集圣贤群辅录》之本名)并为先行于世的萧统编八卷本陶集所无。自《四库全书总目提要》指其为赝作之后，关于其真伪聚讼已久，迄无定论。袁行霈认为阳休之“所编十卷本，乃据萧统八卷本，而参以其他六卷、八卷两种而成，所谓‘合为一帙’也。《五孝传》及《四八目》虽不见于萧统本，然见于其他旧本，非阳休之本人凭空杜撰者也”[2]。笔者对此亦表赞同。退一步讲，即使《五孝传》《四八目》确非陶潜本人作品，其史料价值仍然不可忽视。观《四八目》所言诸条目，最后三条注明“闻之于故老”，其他诸条则几乎无不明言引自何书。引书范围自先秦典籍至于两汉之作，而以魏晋著述最为大宗，达二十七种之多。即使非“渊明平日读书之杂录”，亦可视为东晋刘宋之际一种或一类其来有自的史料群，仍不失其利用价值。

不妨具体看一下“二十四贤”条所出自的文帝《令》与《甄表状》。关于前者，《隋书·经籍志》中记有《魏文帝集》十卷（梁二十三卷），参考其父曹操和其弟曹植文集的体例，其中亦当包含了若干“令”类作品在内。史料中亦散见魏文帝曹丕之令文，严可均辑《全三国文》多有搜录[3]。值得注意的是，目前所见的曹丕之“令”，几乎均发布于延康元年(220)二月至十一月间。如前所述，此年正月，曹丕接任其亡父曹操之丞相、魏王位，十一月即行汉魏禅代之事。显然这些令均为曹丕以魏王身份所颁布。其中大半为十一月禅让程序中的文书往复，也有几条如《除禁轻税令》（延康元年二月）、《敕尽规谏令》（延康元年七月庚辰）、《殡祭死亡士卒令》（延康元年十一月癸卯）等，亦可视为广义上的禅让程序的组成部分。彰表“二十四贤”之令文原貌虽不获睹，但从内容上可以判断与上述几条令文的性质应该比较接近。

而关于《甄表状》的相关史料很少。除前引“二十四贤”条以外，《四八目》中还有两处引用到此史料，记述东汉后期的所谓“名士”之流，其中之一记作者为魏明帝：

> 公沙绍字子起，绍弟孚字允慈，孚弟恪字允让，恪弟逵字义则，逵弟樊字义起。又北海公沙穆之五子。并有

令名，京师号曰：“公沙五龙，天下无双。”穆亦名士也。见魏明帝《甄表状》及《后汉书》。[4]

而“二十四贤”条中恰恰也包含了明帝为诸贤所撰之《状》，试举两例：

少府颍川李膺字元礼。《状》：“膺承三公之后，生高洁之门，少履清节，非法不言。英声宣于华夏，高名冠于缙绅。”

有道太原郭泰字林宗。《状》：“泰器量弘深，孝友贞固，名布华夏，学冠群儒。州郡礼命，曾不旋轨。辟司徒，征有道，并不屈。”[5]

两相对比，可以推测《甄表状》的内容不仅包括了若干汉末名士的籍贯姓字等基本信息，还有类似“三君”之类的名号[6]与载有具体评价内容的“状”。其名之确切含义虽不可解，但与汉末魏晋之际流行于士人社会中的“状”[7]应该关系密切。

综上所述，虽然编入《四八目》（《集圣贤群辅录》）的十卷本《陶潜集》成书晚至北齐阳休之时，但其中所载的魏王曹丕于汉魏禅代之际彰表“二十四贤”之事，当源自确切的汉末魏晋史料，对于汉晋间历史研究的价值仍有待挖掘。

“二十四贤”人选的分析

从名称上来说，所谓“贤”者，应即东汉中期以降频见于史料的“先贤”之省称。据《三国志》卷四《魏书·三少帝纪》裴松之注引《魏名臣奏》所载华歆上表：“文皇帝旌录先贤，拜(郑)玄适孙小同以为郎中，长假在家。”郑玄名列曹丕所彰表的“二十四贤”之中，这里又说曹丕“旌录先贤”，可见“二十四贤”者，“二十四先贤”也。并且由此可以知道，对于这些先贤的彰表，同时还伴随着以其后代为郎中之类的优遇措置。

汉末魏晋盛行所谓“先贤传”“耆旧传”类作品。如《陈留耆旧传》《汝南先贤传》之类的书名所示，此类作品往往冠以具体地域之名，被视为一种“郡国之书”[8]。“二十四贤”的产生，与此当存在一定的亲近关系。曹丕彰表东汉“先贤”，或有意利用这些东汉后期人物在乡里社会中所具有的影响力来巩固地方统治，同时也有着将先贤家族纳入王朝内部的意图。

然而，有汉东京一代，在“郡国之书”中留下丰富事迹的各地“先贤”“耆旧”数以百计。曹丕所彰表的“二十四贤”，是否只是汇总这些地方“先贤”后的一个“中央精选版”呢？换言之，在东汉的地方先贤与汉魏之际的“二十四贤”之间，是否存在性质上的区别？要回答这一问题，需要我们对“二十四贤”的具体人选进行更为细致的分析。下表列出“二十四贤”人选的姓名与头衔，并根据《后汉书》等史料列出其大致的活跃时期。

表 1　曹丕彰表“二十四贤”人选简表

头衔	人物	活跃时期	头衔	人物	活跃时期
太尉	杜乔	顺帝、桓帝	太尉	陈球	灵帝
太常	张奂	桓帝、灵帝	司空	王畅	桓帝
侍中	向诩	灵帝	征士	申屠蟠	桓帝、灵帝
太傅	陈蕃	桓帝、灵帝	卫尉	张俭	桓帝、灵帝、献帝
太尉	施延	顺帝	大司农	郑玄	灵帝、献帝
少府	李膺	桓帝、灵帝	征士	冉璆	桓帝
司隶	朱寓	桓帝	太尉	李固	顺帝、桓帝
太仆	杜密	桓帝、灵帝	有道	郭泰	桓帝
大鸿胪	韩融	灵帝、献帝	益州刺史	朱穆	顺帝、桓帝
司空	荀爽	桓帝、灵帝、献帝	尚书	魏朗	桓帝、灵帝
司空	房植	桓帝、灵帝	聘士	徐穉	桓帝、灵帝
聘士	姜肱	桓帝、灵帝	度辽将军	皇甫规	顺帝、桓帝、灵帝

可以看到，所谓“二十四贤”，其涵盖范围事实上仅为东汉中后期人物，尤以活跃于桓帝至献帝时期者为主。如所周知，这一时期以皇帝、外戚、宦官和士大夫四大势力之间的反复对抗和冲突为主题，东汉王朝经历了持久的政治混乱与动荡，并最终在中平六年(189)灵帝死后以一种近乎“大决战”的方式走向了“汉魏革命”。某种程度上说，曹魏国家本身就是这一历史进程的产物。

在魏明帝为“二十四贤”所撰“状”中，有三条明确叙述和彰表了其人在东汉中后期与外戚或宦官势力进行对抗的事迹。如李固“大将军梁冀恶直丑正，害其道。桓帝即位，遂死于谗”，着重指出李固为“恶直丑正”的外戚梁冀加害之事，凸显出李固的反外戚立场。又如陈蕃“明允贞亮，与大将军窦武志匡社稷，机事不密，为群邪所害”，陈球“清高忠直，孝灵中年，欲诛黄门、常侍，以此遇害”。陈蕃《状》中的“群邪”所指即陈球《状》中的“黄门、常侍”，也就是东汉中后期盘踞内廷的宦官群体。述“明允贞亮”“清高忠直”之士人领袖为“群邪”宦官所害，魏明帝及其所代表的曹魏精英对于东汉后期的历史冲突所持的政治立场一目了然。

除了以上三位，列名于“二十四贤”之中的杜乔、王畅、朱穆、李膺、杜密、房植、张俭、魏朗、皇甫规、张奂、朱寓诸人，虽然其《状》中未有明言反外戚、反宦官事迹，然据范晔《后汉书》等史料的相关记载，可以认为正是与被视为“浊流”的外戚/宦官势力进行过激烈斗争的代表性官僚士人，也可以归入“清流”的政治谱系之中。事实上，这些人与所谓的“党锢”人士有相当重合。

与此形成对比的是，“二十四贤”中的其他人选也可以视为具备共同属性的一类人群，即东汉后期在家不仕、拒绝入朝为官的“处士”群体。其中的姜肱、徐穉、申屠蟠、冉璆、郭泰诸人分别带有聘士、征士、有道之类头衔，这一特征比较明显。而向诩、施延、韩融、荀爽、郑玄几位，在“二十四贤”中虽以侍中、太尉、大鸿胪、司空、大司农等官位相称，但从《后汉书》等史料中的相关记载看来，上述官位基本只是其晚年所获得的荣誉性待遇而已。处士群体表面上看与前述积极发动反外戚、反宦官活动的官僚士人有很大不同，甚至采取了相反的行为方式。不过在东汉后期的历史情境中，从其拥高名而不应朝廷征辟的结果来看，可以说也是采取了对东汉后期的黑暗局面进行消极反抗的政治态度，事实上构成了针对外戚、宦官权力进行抵制、斗争的抵抗运动之一环，可以视为广义上的“清流”势力的组成部分〔9〕。

以上讨论说明了列名于“二十四贤”的人选，都是在东汉后期的历史进程中，曾经以或积极或消极的方式对当权的外戚或宦官势力采取反抗行动的人士。换言之，他们在东汉后期采取了反外戚、反宦官的政治立场。将“二十四贤”仅仅视为地方“先贤”的“中央精选版”，无疑是过于表面化的观察。

曹魏王朝的反宦官立场

事实上，“二十四贤”的政治立场，正是曹魏王朝一贯的官方立场。在以“禅让”模式完成的王朝更替过程中，魏国臣子上书劝进，汉皇帝下诏让位，魏王曹丕三让后受禅告天，各种文辞中皆可看到以东汉的历史书写为汉魏更替张本的叙述〔10〕。尤以《隶释》所载《魏公卿上尊号奏》中的叙述最有代表性：“且汉政在奄宦，禄去帝室，七世矣。遂集矢石于其宫殿，而二京为之丘墟。当是之时，四海荡覆，天下分崩云云。”〔11〕所谓“汉政在奄宦，禄去帝室，七世矣”，当指东汉安帝以降。以宦官“乱政”为东汉王朝失去天命支持、当被新王朝取代的主要理由，显示曹魏王朝君臣的政治立场，和东汉后期与宦官势力发生激烈冲突的“清流”士人是一致的。或者反过来可以说，曹魏王朝的统治群体正是以汉末“清流”的继承者自居的。

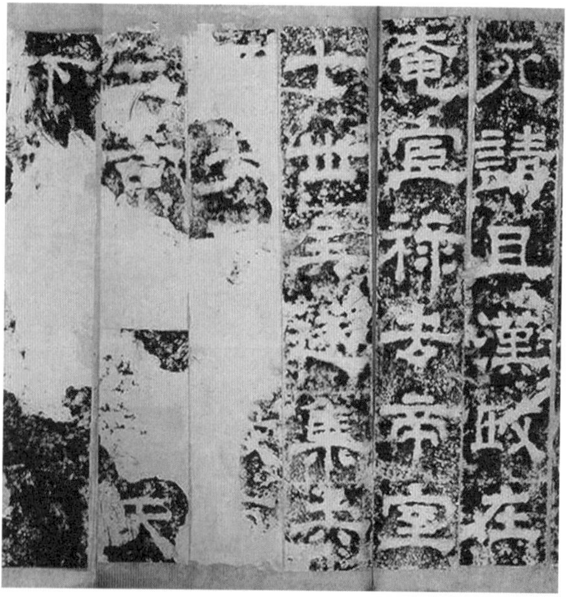

《上尊号碑》拓片（局部）

这一政治立场贯穿于魏王曹丕于汉魏禅代之际所彰表“二十四贤”的具体人选之中。事实上，很容易举出“二十四贤”以外东汉后期的名臣贤士。如“历事六帝，……一履司空，再作司徒，三登太尉，又为太傅”的胡广，号称“汉兴以来，人臣之盛，未尝有也”[12]，却不在曹丕所彰表的东汉“二十四贤”之列。又如在东汉后期与西北羌人的长期战争中脱颖而出的“凉州三明”，其中的皇甫规与张奂都跻身于“二十四贤”，另一位战功更为卓著的段颎却不在其列。可见魏王曹丕及其背后的精英团体在决定“二十四贤”的人选时，实际上进行了严格的“政治资格审查”。胡广、段颎等未能入选，理由很可能在于其人并未积极参与东汉后期清流士人反对外戚、宦官权力的抵抗运动，甚至还是与宦官势力有密切联系者。当然，也有一些虽然积极参与抵抗运动甚至起到重要历史作用的人物及其家族——如袁绍、袁术辈——因为站在了曹操势力的对立面而不得入选，这也是很容易理解的。

因此，曹丕在延康元年（220）继任丞相、魏王之后，正式启动代汉魏禅让程序之前，以“二十四贤”的名义对二十四位东汉中后期人士进行彰表，其背后有着不容忽视的政治意涵。“二十四贤”乃是东汉后期广义上的“清流”的代表人物；对他们的彰表，正与前述曹魏王朝君臣以汉末清流的继承者自居这一政治立场保持了一致。

继续向前追溯的话，这一政治立场在建安十五年（210）曹操所发布的《让县明本志令》中已经表露无遗。此时已经位极人臣的曹操特意回顾自己一生经历，剖白心迹[13]。如所周知，曹操祖父曹腾为东汉宫中宦官，历事四帝，位高权重。其父曹嵩为曹腾养子，历任司隶校尉、大司农、大鸿胪乃至太尉。曹操在二十岁就被举为孝廉，其后尽管得罪部分宦官，却仍然能够顿丘令、议郎、骑都尉、济南相、典军校尉这样一路升迁，当与其宦官家族的出身密不可分。但在《让县明本志令》中，如“好作政教以建立名誉”“除残去秽，平心选举”之语所示，曹操努力把青年时代的自己描摹成一位在思想和行动上都完全认同于党锢名士的士人，且不惜与宦官势力直接对抗。青年时代的曹操是否确实已经如此叛逆我们无由得知，但在汉魏禅代进程不可逆转的途中，曹操需要专门发布这样一篇“洗白”自己出身的令文，正可说明在其时集聚于曹操周围的精英集团和政治势力看来，对东汉宦官权力的否定，是曹魏王权获取正当性的先决条件，不可等闲视之。

在这一意义上，《让县明本志令》和“二十四贤”的彰表，与曹魏王朝成立后一系列改造汉代传统更新皇帝权力结构的政治举措，都是同一种意识形态的表现，构成了长时段、结构性的“汉魏革命”中的一环。这一认识也可以让我们对陈寅恪先生 20 世纪 50 年代所提出的魏晋统治阶级性质转换假说有所反思〔14〕。

原刊《文史知识》2017 年第 11 期。详参拙著《中古时代的历史书写与皇帝权力起源》，单元四第三章《“二十四贤”与曹魏王朝的隐逸书写》。

注释

〔1〕陶潜撰、袁行霈笺注:《陶渊明集笺注·外集》,北京:中华书局,2003年,第589—591页。

〔2〕《陶渊明集笺注·外集》,袁行霈为《集圣贤群辅录》所作“考辨”,第597页。

〔3〕严可均辑:《全上古三代秦汉三国六朝文》,北京:中华书局,1958年。

〔4〕《陶渊明集笺注·外集》,第592页。

〔5〕分见《陶渊明集笺注·外集》,第590、591页。

〔6〕关于史籍所载汉末名士之名号与魏晋南朝历史书写及社会观念间的关系,安部聡一郎《党錮の「名士」再考——貴族制成立過程の再検討のために》一文(载《史学雑誌》第111卷第10号,2002年)有精彩讨论。

〔7〕参见永田拓治:《「状」と「先賢伝」「耆旧伝」の編纂——「郡国書」から「海内書」へ》,《東洋学報》第91卷第3号,2009年。

〔8〕参见胡宝国:《杂传与人物品评》,收入氏著《汉唐间史学的发展(修订本)》,北京:北京大学出版社,2014年。

〔9〕参见川胜义雄:《六朝贵族制社会研究》,徐谷梵、李济沧译,上海:上海古籍出版社,2008年,第一编第二章《汉末的抵抗运动》。

〔10〕《三国志》卷二《魏书·文帝纪》裴松之注引“《献帝传》载禅代众事曰”云云,北京:中华书局,1959年,第62—75页。

〔11〕洪适:《隶释·隶续》,北京:中华书局影印洪氏晦木斋刻本,1986年,第187页。

〔12〕《后汉书》卷四四《胡广传》,北京:中华书局,1965年,第1510—1511页。

〔13〕《三国志》卷一《魏书·武帝纪》裴松之注引《魏武故事》,第32—34页。

〔14〕如《书世说新语文学类钟会撰四本论始毕条后》一文中提出“魏为东汉内廷阉宦阶级之代表，晋则外廷士大夫阶级之代表。故魏、晋之兴亡递嬗乃东汉晚年两统治阶级之竞争胜败问题”，言“（官渡战后）于是当时士大夫阶级乃不得不隐忍屈辱，暂与曹氏合作，但乘机恢复之念，未始或忘也”（收入氏著《金明馆丛稿初编》，北京：生活·读书·新知三联书店，《陈寅恪集》版，2001年，第48—49页）。另参见万绳楠整理：《陈寅恪魏晋南北朝史讲演录》，合肥：黄山书社，1987年，第9—13页。

带献帝去旅行

从“山阳公”到“汉献帝”

魏明帝青龙二年(234)三月庚寅,山阳公刘协死了。享年五十四岁。

此时,距离他将天子之位“禅让”给魏王曹丕的延康元年(220),已经过了14年;距离他从关中辗转回到洛阳,又为曹操迎至许昌“挟天子以令诸侯”的建安元年(196),已经过了38年;距离他在中平六年(189)八月的洛阳之变后被董卓强立为皇帝,则已经过了45年之久。人们很少意识到,以一种奇妙的方式,他成为了东汉历史上在位时间第二长的皇帝,仅次于开国之君光武帝刘秀。

曹魏王朝为刘协举办了盛大的葬礼。葬礼规格极高,由一系列具有严格等级意义的环节构成。包括明帝本人素服发哀,司徒、司空持节吊祭护丧,大赦天下,太尉以太牢告祠文帝庙,向山阳国赠以册书,等等。其中最有象征意义的,无疑是“追谥山阳公为汉孝献皇帝,葬以汉礼”。如同山阳国的刘协之陵被命名为“禅陵”一样，“孝献皇帝”这一谥号，也有着明确的政治指向，即汉魏禅代。曹魏王权寄希望于谥号这一古老咒语的魔力，当人们口中念出“汉献帝”三字时，他们权力来源的正当性会再次得到肯定。

然而，从刘协“被即位”的中平六年(189)，到他“被退位”的延康元年(220)，其间历史脉络之丰富复杂，岂是“献帝”二字能够轻易覆盖？汉魏禅代是这“三十年战争”最后的历史结果，但这一结果是由其间无数人们以无数行动交汇互动而成。曹魏王权以“献帝”谥号象征的皇帝权力起源过程，仿佛从历史尽头回打的探照灯柱，不失庄严耀目，却必辅之以其他历史参与者的黑化方能成就。

在之后的岁月里，“献帝”成为了刘协永恒的头衔。翻看《隋书·经籍志》和中古史注、类书所引，除了一部《山阳公载记》，《献帝纪》《献帝传》《献帝起居注》《献帝春秋》，乃至袁宏《后汉纪》和范晔《后汉书》中的《孝献帝纪》，触目皆是“献帝”。事实上，其中有作品成于刘协得谥“献帝”之前，甚至成于汉魏禅代之前。换言之，这些作品都因“献帝”之称的流行而失去了原来的名字。

但是，就像《千与千寻》中汤婆婆给千寻改名也未能让她失去内心一样，这些作品也没有因为被戴上“献帝”的帽子就改弦易辙。尽管同样“因彼之名”，其实每部作品都有特定的书写立场充盈其中，背后则是作者作为历史参与者的特定时空经验。换言之，这些作品又何尝不能看成是作者带着献帝去经历的一场时空之旅呢？只是焦点并非刘协个人的旅行体验，而是旅程本身的路径与风景。如同那些老套的剧情，在这场旷日持久的抢人大战中，曾经的强者最后只是赢了一块"献帝"的招牌，原本微弱的声音却变得喋喋不休起来。

《献帝传》：曹魏国史配方

还是先从曾经锣鼓喧天的主旋律作品开始吧。

我们说的是《献帝传》。这部作品不知何故未见载于《隋书·经籍志》，但在《三国志》裴松之注等中古史注中多有佚文留存。因为书名中有一"传"字，多被学者归入魏晋时期繁盛一时的"杂传"之列。可是现存《献帝传》佚文很容易看到不符"杂传"特征之处。面对这种矛盾，持"杂传"说者只好认为《献帝传》是一种没写好的"杂传"，诸如"叙事冗长，结构散漫，也分散了对人物个性品格的传写与刻画云云"[1]。

问题在于，或许《献帝传》本就无意于刻画献帝的个性品格。换言之，《献帝传》这一书名，并不意味着这就是一部献帝的个人传记。从现存佚文来看，这部作品的记事范围大致在中平六年(189)献帝即位至青龙二年(234)以山阳公身份去世期间，与献帝生平相始终。内容涉及多方面的史事，但这些史事与献帝的个人经历未必有直接关系。

举例而言，《献帝传》佚文中多次出现类似个人小传的文字，传主包括马腾、沮授、秦朗等人。马腾与献帝陷于关中期间的活动稍有关联，不过另外两位可谓全无干系。沮授为袁绍谋士为人所熟知。《献帝传》所见沮授相关文字，并非偶然言及，而是从“沮授，广平人。少有大志，多谋略”这样类似列传起首文字，到官渡之战前后向袁绍建言的详细内容，再到为曹操所擒后二人的往复对话，一篇完整的《沮授传》呼之欲出[2]。这些文字显然对献帝“个性品格的传写与刻画”并没有任何帮助。

让问题更为复杂的是，《献帝传》的部分内容，又采取了编年体的形式。试看如下佚文：

> 兴平元年(194)正月甲子，帝加元服，司徒淳于嘉为宾，加赐玄纁驷马。
>
> 延康元年(220)十月辛未，魏王登坛受禅，公卿、列侯、诸将、匈奴单于、四夷朝者数万人陪位，燎祭天地、五岳、四渎。
>
> 青龙二年(234)八月壬申，葬于山阳国，陵曰禅陵，置园邑。

这种以干支记日起首的叙述方式，无疑属于编年体。三条佚文涉及的年代，从陷于关中的兴平，到汉魏禅让的延康，再到死后安葬的青龙，贯穿献帝一生的主要时段。换言之，这一形式在整部《献帝传》中亦当贯彻始终。

《献帝传》中编年体内容的存在，很容易让人联想到纪传体史书中的“本纪”。而前述若干个人小传则与“列传”相类。当然，这并不意味着《献帝传》就必然是一部纪传体史书。以编年体的基本体例与插叙的人物小传组成复合文本，同样可以容纳这两种基本结构。

类似复合的文本结构并非无前例可循。荀悦作于建安年间的《汉纪》即是如此。《后汉书·荀悦传》称献帝令荀悦“依《左氏传》体以为《汉纪》三十篇”，荀悦自己在《汉纪序》中则说“约集旧书，撮序表志，总为帝纪”，似乎《汉纪》纯为编年。实际上其行文中往往有插叙的人物小传。这一结构亦为东晋袁宏的《后汉纪》所继承。在这一意义上，《献帝传》可以说是名“传”而实“纪”。

由此看来，《献帝传》这部作品兼具严谨体例与丰富内容，颇有整体时代史的气象，与“献帝的个人传记”这一来自书名的表面印象，其间的差距不可以道里计。这究竟是一部怎样的作品呢？

《三国志·魏书·文帝纪》延康元年(220)冬十月“汉帝以众望在魏云云”一段后，裴松之注引“《献帝传》载禅代众事”值得仔细分析。所谓“禅代众事”，并非仅指对汉魏禅代过程的史事叙述，还详细记录了在这一过程中魏国臣僚、魏王曹丕与献帝朝廷三方之间所发生的文书往来，几近万言。中国古代史上第一次以“禅让”模式实现的王朝更替的诸多细节，赖此方知。感谢裴注。

表 1 《献帝传》载"禅代众事"表

魏王国臣僚	魏王曹丕	汉献帝朝廷
A-1 左中郎将李伏表魏王曰……		
	A-2 王令曰……	
A-3 魏王侍中刘廙、辛毗、刘晔、尚书令桓阶、尚书陈矫、陈群、给事黄门侍郎王毖、董遇等言……		
	A-4 王令曰…… 于是尚书仆射宣告官寮,咸使闻知	
B-1 辛亥,太史丞许芝条魏代汉见谶纬于魏王曰……		
	B-2 王令曰……	
B-3 于是侍中辛毗、刘晔、散骑常侍傅巽、卫臻、尚书令桓阶、尚书陈矫、陈群、给事中博士骑都尉苏林、董巴等奏曰……		
	B-4(王)令曰…… 癸丑,宣告群寮	
B-5 督军御史中丞司马懿、侍御史郑浑、羊秘、鲍勋、武周等言……		
	B-6(王)令曰……	
		C-1 乙卯,册诏魏王禅代天下曰……

（续表）

魏王国臣僚	魏王曹丕	汉献帝朝廷
C-2 于是尚书令桓阶等奏曰……		
	C-3（王）令曰……	
C-4 尚书令等又奏曰……		
	C-5（王）令曰……	
C-6 侍中刘廙、常侍卫臻等奏议曰……		
	C-7（王）令曰…… 既发玺书，王令曰…… 己未，宣告群僚，下魏，又下天下	
C-8 辅国将军清苑侯刘若等百二十人上书曰……		
	C-9 王令曰……	
C-10 辅国将军等一百二十人又奏曰……		
	C-11（王）令曰……	
C-12 侍中刘廙等奏曰……		
	C-13 奉令曰…… 庚申，魏王上书曰……	
D-1 辛酉，给事中博士苏林、董巴上表曰……		
	D-2（王）令曰……	
		E-1 壬戌，册诏曰……

（续表）

魏王国臣僚	魏王曹丕	汉献帝朝廷
E-2 于是尚书令桓阶等奏曰……		
	E-3（王）令曰…… 甲子，魏王上书曰……	
F-1 侍中刘廙等奏曰……		
	F-2 王令曰……	
		G-1 丁卯，册诏魏王曰……
G-2 相国华歆、太尉贾诩、御史大夫王朗及九卿上言曰……		
	G-3（王）令曰…… 己巳，魏王上书曰……	
G-4 相国歆、太尉诩、御史大夫朗及九卿奏曰……		
	G-5（王）复令曰：“群公卿士诚以天命不可拒，民望不可违，孤亦曷以辞焉？”	
		H-1 庚午，册诏魏王曰……
H-2 于是尚书令桓阶等奏曰……		
	H-3（王）令曰：“可。”	

如表2所示，当时正式的禅代进程分为A—H八个阶段，每一阶段内部又包括次数不等的若干回合。少则二、三，最多达到十三回合，很是考验后世读者的耐心。阶段A、B

是魏国臣僚先后据谶纬、符瑞劝进，魏王曹丕均辞让；阶段 C 是汉献帝第一次册诏禅让，魏国臣僚劝进，魏王一让（“十三回合之战”即发生于这一阶段）；阶段 D 是魏国臣僚再据符瑞劝进，魏王辞让；阶段 E 是汉献帝第二次册诏禅让，魏国臣僚劝进，魏王二让；阶段 F 是魏国臣僚再次劝进，魏王态度松动；阶段 G 是汉献帝第三次册诏禅让，魏国公卿劝进，魏王三让，随后表示接受；阶段 H 是汉献帝第四次册诏禅让，魏国臣僚上奏典礼安排方案，魏王令曰：“可。”

这当然是事先安排好的“仪式”，是禅让大典的有机构成。整个过程环环相扣，步步深入；参与各方以言辞和行动紧密配合，共同完成了对汉魏交替正当性的论证。禅代过程中使用过的这些文书，在曹魏王朝应是作为官方档案保存。而《献帝传》以如此方式来书写这一过程，既说明撰者有条件接触到这些材料，也说明撰者是以内在于曹魏王朝的政治立场在《献帝传》中展示这些材料的。换言之，曹魏王朝本身很可能就是《献帝传》的撰写主体。只有这一主体才既有动机、又有能力以如此方式来书写汉魏禅代。

曹魏似乎未有为东汉修撰前朝史的计划[3]，但“献帝时代”对于曹魏皇帝权力起源的正当性而言至为关键。包括这一时代在内的“国史”修撰工作在文帝、明帝两代已有相当程度的积累，最终在魏末司马氏主政期间呈现为王沈《魏书》这一成果。王沈党于司马氏，他主持的《魏书》于魏晋交代诸关节“多为时讳”，常为后人诟病。不过在书写献帝时代的部分，或仍继承了之前文、明时代曹魏王权的立场。《献帝传》很可能是曹魏国史修撰工作中的一环，至少应有密切关系。虽然这一书名的由来并不清楚，但其旨趣无疑与“献帝”二字在当时的政治意涵一致。曹魏国史的配方，曹魏国史的味道。

《献帝起居注》：献帝朝廷绝唱

提起“献帝时代”，人们往往会联想到另外一个词——“建安时代”。这不仅是因为长达二十五年的建安时代(196—220)占据了献帝时代的大半，更是曹魏王权主导历史书写的结果。翻看《三国志·魏书》即可感知，建安元年(196)曹操迎献帝都许成为了时代秩序的转折点。此前的极致混乱衬托出此后政治秩序再建的不世殊勋，曹操的汉朝“功臣”身份借此确立，铺就一条通往曹氏代汉的禅让之路。

都许之前的献帝时代，的确充斥着种种不堪。从董卓入京强行废少立献，到火烧洛阳挟献帝西迁长安；从王允、吕布合谋诛董，到凉州将李傕、郭汜乱战关中，再到献帝历尽艰险的东归之路。这些国人因《三国演义》耳熟能详的情节当然不是向壁虚构。但对于亲历这一时代的政治精英来说，在凉州军阀的搅局之外，都许之前的献帝时代仍有不容轻易否定的积极一面。如诸葛亮《出师表》所谓“未尝不叹息痛恨于桓、灵也”，他们心中比较的主要对象，并非之后的建安，而是之前的东汉桓帝、灵帝时期。

如所周知，在东汉后期，清流士人与内廷宦官的冲突成为时代主题。前者所追求的，从仅仅反对“坏宦官”，逐步发展到从制度上彻底清除宦官这样的激进主张。虽然历经两次“党锢”，清流一方一败涂地，激进政治理念的影响力却不曾消退，以至于终将袁绍、曹操这样本出自宦官阵营的青年精英亦裹挟在内。当宦官势力在中平六年(189)八月的洛阳之变中被戏剧性的整体消灭之后，即使迎来了凉州军阀董卓主政的插曲，甫登历史舞台的士人精英仍对以新理念更新皇帝权力结构念兹在兹。这一更新进程与整个献帝时代相始终，并不因“建安”的出现而有所中断。或者毋宁说建安时代也构成了这一更大历史进程的一部分。在政治秩序转换的意义上，说“汉魏革命”始于献帝时代而非汉魏禅让，恐怕亦不为过。

幸运的是，正有这样一部作品，由献帝即位后的士人精英主导书写，并且在献帝朝廷与曹操合流后仍未断辍，一直坚持到了建安后期；汉魏禅代之后也未被曹魏国史完全覆盖，最终在中古史注、类书中留下若干残迹。这就是《献帝起居注》。

《献帝起居注》的书名颇有辨析价值。如前所述，青龙二年(234)三月刘协死后方被追谥为“孝献皇帝”。一部成于汉魏禅让之前的书，自然不可能以“献帝”为名。姚振宗《后汉艺文志》认为此书原名《今上起居注》，汉魏禅让后改称《汉帝

东平汉墓壁画人物图

起居注》,青龙二年刘协死后方改称《献帝起居注》[4],不失为一个合理的推测。

《隋书·经籍志》将《献帝起居注》列为中古"起居注"类作品之首,言其"皆近侍之臣所录",以区别于汉代女史所主的宫内"起居注"。这一意见值得重视。《献帝起居注》叙事的起点是中平六年(189)八月的洛阳之变,比九月初一的献帝即位还要略早。正是在此之后,东汉皇帝身边的"近侍之臣"整体上由宦官换成了士人。新型"起居注"的创制,可能也是当时主导朝政的士人精英重构皇帝权力的一环。

《献帝起居注》全书早佚。从中古史注、类书所保留的断章残简来看,与前述有整体时代史之风的《献帝传》风格迥异。其书采用单纯的编年体体例,基本收敛于献帝时代皇帝权力展开的历史过程,予人以强烈的"本纪"感。献帝朝廷在制度建设方面的成绩在书中得到了重点记录。这不仅限于与曹操合流后的建安时代，也包括了都许之前乱世流离中的诸多举措。如献帝甫即位时“初置侍中、给事黄门侍郎，员各六人，出入禁中，近侍帷幄，省尚书事”[5]，就是在洛阳宫中的宦官群体被消灭后重构内朝体制的重要内容。它并未刻意将献帝时代割裂为都许之前和都许之后两个阶段，反而在某种程度上凸显了献帝朝廷的历史连续性及其时代意义。显然，其书写者与曹魏王权保持了相当的距离。

姚振宗《后汉艺文志》云，“按《起居注》，惟天子得有此制。献帝自逊位之后，自不得再有《起居注》”，似乎暗示《献帝起居注》应终结于延康元年(220)的汉魏禅代。实际上并非如此。今天所见记事内容最晚的《献帝起居注》佚文，为我们提示了更为复杂的线索。

此佚文见于《续汉书·礼仪志》刘昭注所引：“建安二十二年二月壬申，诏书绝。立春宽缓诏书不复行。”[6]这里所谓“建安二十二年二月壬申”，当为“建安二十一年”之讹。建安二十二年(217)二月甲午朔，当月并无壬申日。而二十一年(216)二月辛未朔，初二即为壬申。此时距离延康元年(220)十月的汉魏禅代尚有四年多。这段时间是汉魏禅代作为一个历史过程的最后阶段，中间还伴随着曹操的死亡和曹丕的继任，大事频率极为密集，照理说可书者甚多。然而今天所见《献帝起居注》佚文，确实看不到此后的内容。考虑到这条佚文以“诏书绝”三字起始，意味着此后许都的献帝朝廷不再能够以汉皇帝/天子的身份发布诏书，则《献帝起居注》很可能亦终止于此。

以“立春宽缓诏书不复行”作为献帝“诏书绝”的标志，有其深意在。依照《月令》古典在重要时令颁布诏书，显示皇帝作为“天子”在和合宇宙秩序时所发挥的神圣作用，是汉代皇帝的重要权力。《献帝起居注》既云“不复行”，说明此前的献帝仍当遵循这一惯例，每年“立春之日，下宽大书”，以显示天下正统所在。选择以此作为“诏书绝”的标志，意在剥夺汉皇帝和合宇宙秩序的功能。反过来说，这一功能当由魏公曹操来替代行使。同年二月廿四日，曹操在邺城“始春祠”，适在初二献帝“立春宽缓诏书不复行”之后。

此前的建安十八年(213)，曹操为魏公，建魏国宗庙社稷，置侍中、尚书、六卿；十九年(214)正月，魏公始耕籍田；三月，使魏公位在诸侯王上，并置典刑的理曹掾属。此后的二十一年(216)三月，魏公又亲耕籍田；五月，进公爵为魏王；二十二年(217)四月，命魏王设天子旌旗；十月，命魏王冕十有二旒，以五官中郎将丕为魏太子。汉魏禅代作为一个整体规划的王朝更替方案，在这几年中已经处于紧锣密鼓的步步为营状态。在曹操身份逐步“去臣化”的同时，汉皇帝的各种制度性权力也逐步被魏公/魏王所替代行使。建安二十一年二月壬申的“诏书绝”乃至《献帝起居注》的终止应也是其中的一环。毋庸赘言，其终结者，正是即将完成“去臣化”进程的曹氏一方。

范晔《后汉书》中的献帝书写

前文从《献帝传》和《献帝起居注》的佚文中辨识出了曹魏王权与献帝朝廷两种声音。虽然后者在都许之后就逐渐被前者压制以至于销声匿迹，但二者无疑都从属于特定的政治势力。在他们为献帝设定的旅途中，献帝本人虽然戴着略有不同的假面，穿着略有不同的华服，重复发出略有不同的话语，作为“道具”的身份却是一致的，可谓另一种意义上的“殊途同归”。

我们有机会听到献帝自己的声音吗？纵然他无法选择自己的旅行路线，可是否有人能在途中记录他个人发出的声音，而非类似“玉音放送”的台词？

答案似乎是现成的。建安十九年(214)，献帝皇后伏氏家族谋反事发，曹操派尚书令华歆勒兵入宫收捕伏后。熟悉《三国演义》的读者脑中大概都能立刻浮现出相关画面。事实上其时伏后与献帝间的对话，早已在范晔《后汉书·献帝伏皇后纪》中长久回荡：

> 后被发徒跣行泣过诀曰：“不能复相活邪？”
> 帝曰：“我亦不知命在何时！”
> 顾谓郗虑曰：“郗公，天下宁有是邪？”

一个极具冲击力和画面感的告别。在这里，献帝不再是那个为曹魏王权或献帝朝廷尽责表演的完美傀儡，而是发出了面对悲剧命运的挣扎之声。短短三句话，在为献帝博得无限同情的同时，也将“汉贼”的十字架牢牢钉在了曹操的背上。

感动之余，还是应该想想这声音来自何方。毕竟范晔撰《后汉书》已在献帝之后两百余年。如刘知幾《史通》评论所言“博采众书，裁成汉典，观其所取，颇有奇工”[7]，范晔的独断体现在他的取材整合，而非凭空杜撰。上述伏后诀别段落，事实上一见于东晋袁宏《后汉纪》，二见于西晋张璠《后汉纪》，三见于吴人所撰《曹瞒传》。追溯史源的结果，居然来自曹魏的敌国孙吴一方。

同样性质的声音，在《后汉书·献帝伏皇后纪》中还出现过一次。在叙述献帝都许“守位而已”、“其余内外，多见诛戮”之后，献帝对入殿中朝见的曹操说：

君若能相辅，则厚；不尔，幸垂恩相舍。

以天子之尊对曹操如此言说，即使只是傀儡，分量之重可想而知，何况地点是在许都献帝宫中。曹操听后果然“失色，俛仰求出”，出宫后“顾左右，汗流浃背，自后不敢复朝请”。

这段文字尤其是献帝之语凸显了为曹操所挟的天子之窘迫，但又残存些许自尊，与其后伏后诀别之际的无奈悲愤构成了一个连续的叙述，应是出自同一种立场的书写。显然，作为当事人的曹魏一方和献帝一方，都不是作者。前者不会如此黑化自己，后者即使想写或者已经写了，也没有机会留下来。

范晔的上述文字可能袭自习凿齿《汉晋春秋》。《太平御览》卷九二《皇王部・孝献皇帝》保留了一段与范书所述（自"献帝都许，守位而已"至"自后不敢复朝请"）几无差别的文字，注明来自《汉晋阳秋》。如所周知，习凿齿在东晋中期撰作的这部作品，一反西晋时陈寿《三国志》以曹魏为正统、蜀吴为僭伪的立场（这也是西晋的官方立场），以蜀汉为继承东汉的正统，曹魏则变成了非正统政权。上述文字背后的政治立场与习凿齿这一是蜀非曹的正统观正相一致。

实际上《汉晋春秋》也是有所本的，即《献帝春秋》（相关佚文见于《说郛》卷五九）。此书为孙吴袁晔的作品，因多载传闻，被裴松之斥为"凡诸云云，皆出自鄙俚，可谓以吾侪之言而厚诬君子者矣。袁暐（晔）虚罔之类，此最为甚也"〔8〕。可以想见，这种借献帝之口渲染曹魏王权之非正统的小道故事，最为敌国朝野所津津乐道。看似出之于献帝个人，不过是另一版本的"台词"而已。

颠倒之旅

对"献帝旅行记"的梳理暂告一段落。可以看到，旅程自献帝即位就同步开启，由士人精英创制的《献帝起居注》，陪伴了献帝的西迁与东归。建安元年(196)与曹操合流后，一方面献帝朝廷的声音被逐步压制，一方面曹魏王权开始主导对献帝时代的历史书写，汉魏禅代后更是以修撰国史的方式加以强化。《献帝传》即诞生于这一进程中，与明帝青龙二年(234)献帝死后谥曰“孝献”、陵曰“禅陵”互为表里，共同组成了谱写曹魏王权正当性的庄严和声。

然而魏晋禅代之后，虽然西晋官方仍以曹魏为正统，情况却开始起了变化。陈寿《三国志》将魏、蜀、吴三国并置却为朝野精英所接受，本身就是一个危险的信号。西晋灭吴完成南北统一，又为孙吴时代以敌国立场写下的诸多传闻之辞提供了流通舞台，使其逐渐进入主流视野。至永嘉南渡，在建康精英对中州往昔的频频回顾中，形势终至彻底倒转。习凿齿《汉晋春秋》发其端，范晔《后汉书》定其谳，我们目睹了曹魏王权在历史书写中的跌落；献帝本人则以一种戏剧化的悲剧形象，被献祭于这场迟到的“复仇”。

搁笔之际，不禁玄想，若可造访过去，你希望去看看哪个历史时刻的献帝呢？我的答案兴平二年(195)十二月庚申。在那个寒冷冬夜，东归的献帝朝廷于弘农曹阳亭为李傕、郭汜军所追及，惨遭屠戮。献帝一行狼狈爬下十余丈的黄河高岸，方得登船北渡。其余不得渡者甚众，争相赴水攀船，据说“船上人以刃栎断其指，舟中之指可掬”[9]。面对一船公卿、后妃与残指，回望渐行渐远的高岸屠场，那个惊魂未定的少年天子，或曾有过转瞬即逝的本色流露。

原刊《文汇报·文汇学人》2020年1月10日。详参拙著《观书辨音：历史书写与魏晋精英的政治文化》第一章《哀歌与史诗：〈献帝起居注〉与献帝朝廷的历史意义》和第二章《名、实之间：〈献帝纪〉与〈献帝传〉》。

注释

〔1〕熊明：《汉魏六朝杂传研究》，北京：中华书局，2014年，第162页。

〔2〕《三国志》卷六《魏书·袁绍传》裴松之注引《献帝传》，北京：中华书局，1959年，第199—200页。

〔3〕《史通·古今正史》："魏黄初中，唯著《先贤表》，故《汉记》残缺，至晋无成。"《史通通释》卷十二，上海：上海古籍出版社，1978年，第342页。

〔4〕姚振宗：《后汉艺文志》，《二十五史补编》，北京：中华书局，1955年，第2册，第2355页。

〔5〕《续汉书·百官志》"黄门侍郎"条刘昭注引《献帝起居注》，《后汉书》，北京：中华书局，1965年，第3594页。

〔6〕《后汉书》，第3102页。

〔7〕《史通通释》卷八《书事》，第230页。

〔8〕《三国志》，第318—319页。裴松之对袁晔《献帝春秋》及乐资《山阳公载记》多有批评。如《三国志》卷六《魏书·袁绍传》裴注："乐资《山阳公载记》及袁暐《献帝春秋》并云太祖兵入城，审配战于门中，既败，逃于井中，于井获之。臣松之以为配一代之烈士，袁氏之死臣，岂当数穷之日，方逃身于井，此

之难信，诚为易了。不知资、暐之徒竟为何人，未能识别然否，而轻弄翰墨，妄生异端，以行其书。如此之类，正足以诬罔视听，疑误后生矣。实史籍之罪人，达学之所不取者也。”第 206 页。卷三六《蜀书·马超传》裴注：“袁暐、乐资等诸所记载，秽杂虚谬，若此之类，殆不可胜言也。”第 947 页。

〔9〕《三国志》卷六《魏书·董卓传》裴松之注引《献帝纪》，第 187 页。

何以“汉贼”

引子：赵翼的观察

对熟读《三国演义》的国人来说，两大关键词一定没齿难忘，一为“曹贼”，一为“丞相”。曹操的“黑化”和诸葛亮的“圣化”都是历史学的好题目，本文主要关注前者。

在陈寿《三国志》中，曹操的形象还不是“汉贼”。相反，他是汉之“功臣”，辅佐汉献帝扫平群雄，安定天下，也由此获得了以“禅让”模式与东汉王权进行王朝更替的正当资格。我们熟悉的曹操迎献帝都许“挟天子以令诸侯”，在《三国志》卷一《魏书·武帝纪》中的表述是“自天子西迁，朝廷日乱，至是宗庙、社稷、制度始立”，显然是站在了曹魏王权的立场上。陈寿的这些记载源自曹魏国史王沈《魏书》，汉之“功臣”就是曹氏的自我定位。

那么，曹魏是什么时候由“功臣”转为“汉贼”的呢？清代学者赵翼在《廿二史札记》中注意到陈寿《三国志·魏书·武帝纪》与范晔《后汉书·献帝纪》对曹操事迹的书法之异[1]，颇有助于我们讨论这一问题。下面据赵翼之言列为表格。

表 1

陈寿《三国志·魏书·武帝纪》	范晔《后汉书·献帝纪》
天子以公领冀州牧。	曹操自领冀州牧。
汉罢三公官，置丞相，以公为丞相。	曹操自为丞相。
天子使郗虑册命公为魏公，加九锡。	曹操自立为魏公，加九锡。
汉皇后伏氏，坐与父完书，云帝以董承被诛怨恨公，后废黜死，兄弟皆伏法。	曹操杀皇后伏氏，灭其族及其二子。
天子进公爵为魏王。	曹操自进号魏王。
汉帝以众望在魏，乃召群公卿士，使张音奉玺绶禅位。	魏王曹丕称天子，奉帝为山阳公。

如上表所示，对于建安后期禅代进程中的诸多大事，尽管事件本身并无不同，陈寿与范晔却各自采取了一套不同的系统性书写。简单地说，在《三国志·魏书·武帝纪》中，事件动作的发出主体是“天子”即汉献帝；而在《后汉书·献帝纪》中，范晔将这些动作的发出主体一律改为曹氏。由此达成的书写效果也是恰成对照的，前者中的曹氏形象为“忠臣”乃至“功臣”，后者中的曹氏形象为“权臣”乃至“逆臣”，称之为“汉贼”是很合适的。

赵翼显然认可范晔的书法，称许他“据事直书”，为“史家正法”；同时认为陈寿之所以如此，是因为“修书于晋，不能无所讳”，也就是在政治压力下不得不做如是妥协。汪荣祖对此有进一步发挥：

> 蔚宗《后汉》书法，以曹操自领、自立、自进，而寿修《魏纪》则书天子以公领牧，以公为丞相，以公为魏王，以回护曹氏之攘夺。类此隐讳，殆亦一时风尚；彦和即谓“尊贤隐讳故尼父之圣旨”，何况“避讳至晋，渐臻严密”。然究有违历史求实之旨，不免曲笔之讥，以攘夺为酬庸，殊非“无意之偏见”（unconciousbias），实属“故意之窜改”（deliberate distortion）。[2]

这里我们能看到经典史学史思路下由若干二元对立概念构成的基础框架。在这一框架中，一方写着“求实”与“直书”，一方写着“回护”与“曲笔”。双方合力锁定的曹氏形象，既是以暴力胁迫天子的“逆臣”，又是事后加以粉饰掩盖的“奸贼”。这一框架下的“暴力”也呈现为一种奇异的矛盾合体：在发生时是“赤裸裸”的，结束后却又变得“羞答答”的。

不过，陈寿和范晔究竟谁才是“据事直书”，学者间并非没有异议。徐大英就认为“陈寿《三国志·魏书·武帝纪》的记载符合历史史实，是据事直书的写法”，而范晔“《后汉书·献帝纪》在记载曹操事迹时明显反映了作者贬抑曹氏的态度”[3]。雷家骥的洞见也不容忽视：

> 陈寿站在魏之立场，书曹操被策领冀州牧、拜丞相、晋魏公、加九锡，书汉献帝禅于魏文帝，实为恰当的陈述。犹之如在《蜀》《吴》二书，一再引述二国声讨曹魏凶

奸篡盗之辞也。是皆各就其政治立场从实而书。……范晔本《春秋》褒贬精神以述曹操自为，虽未完全失实，但却也未称全是，心有主观之意，转不及陈寿之让人物事实各自说话的笔法令人信服。[4]

徐氏所谓“历史史实”，雷氏所谓“从实而书”，指向的都是在上述“直书/曲笔”二元对立框架下无法得到有效讨论的一个“真实”：陈寿所书以汉献帝为发出主体的事件动作，如“天子以公为丞相”之类，是一个确曾以制度形式发生并完成的历史事实。固然大权在握的曹操在背后起到了主导作用，献帝行使的并非典型意义上的完整皇帝权力，但必须承认，不完整的皇帝权力也是历史的有机构成。只有把各种“不完整”的历史现象都纳入思考范围，才能让我们的历史视野变得尽量“完整”一些。值得追问的是，为何曹氏在长达二十五年的建安年间，必须持续通过不完整的汉廷皇帝权力的中介，才能成长为真正的皇帝权力？而范晔将之全改为曹氏自为，在凸显、渲染曹操的暴力强权这一面的同时，却遮蔽乃至歪曲了献帝皇帝权力——即使是不完整的——的这一面，某种程度上反而是对这一历史过程的片面化。

范晔《后汉书》的“非曹”基调

当然，赵翼所作如上观察和对比还是很有意义的。我们至少可以由此确认，在3世纪末陈寿所撰《三国志・魏书》中，曹氏呈现为汉之“功臣”的形象，这是对曹魏王权自我定位的忠实继承；而至五世纪中叶范晔的《后汉书・献帝纪》中，曹氏的“汉贼”形象已经非常确定了。曹魏皇帝权力之正当性，在这一个半世纪中，究竟是如何被倒转的呢？

在这方面，范晔《后汉书・皇后纪》中的《献帝伏皇后纪》为我们提供了宝贵的线索。在以“编年体”风格简要记述伏氏随献帝西迁、被立为皇后乃至东归入许的历程后，范晔写下了如下一段文字：

> 自帝都许，守位而已。宿卫兵侍，莫非曹氏党旧姻戚。议郎赵彦尝为帝陈言时策，曹操恶而杀之。其余内外，多见诛戮。操后以事入见殿中，帝不任其愤，因曰：“君若能相辅，则厚；不尔，幸垂恩相舍。”操失色，俛仰求出。旧仪，三公领兵朝见，令虎贲执刃挟之。操出，顾左右，汗流浃背，自后不敢复朝请。

这段文字在风格上不同于之前的编年记录，内容也和伏皇后没有直接联系。只要心中不存“汉贼”的先入之见，其实可以很明显地觉察到叙述上的突兀感。可以看到，这是对献帝都许后与曹操关系的一段集中叙述。先以“守位而已”定其基调，其后分别从三个层面加以渲染，即以曹党侍卫献帝、诛杀献帝侧近的异己人士以及一个曹操入见献帝却狼狈而出的故事。三个层面复合而成的叙述指向显然不止于二人间的不信任感，而是进一步导向了曹操对献帝的控制与胁迫。

这在很大程度上是"真实"的。也是自曹操迎献帝都许"挟天子以令诸侯"以降，曹氏的敌人们在舆论上最容易发起攻击的薄弱点。如后世被选入《文选》成为千古名篇的陈琳《为袁绍檄豫州》，痛骂曹操为"赘阉遗丑"之后，关于献帝与曹操关系的叙述即与《后汉书·献帝伏皇后纪》的上引文字基本同调：

> 操便放志，专行胁迁，当御省禁；卑侮王室，败法乱纪；坐领三台，专制朝政；爵赏由心，刑戮在口；所爱光五宗，所恶灭三族；群谈者受显诛，腹议者蒙隐戮；百僚钳口，道路以目；尚书记朝会，公卿充员品而已。……又操持部曲精兵七百，围守宫阙，外托宿卫，内实拘执。惧其篡逆之萌，因斯而作。〔5〕

然而，正如范晔将陈寿的"天子以公为丞相"改书"曹操自为丞相"是对历史的片面化一样，上述出之于特定立场的叙述，对献帝与曹操关系的把握也未必是完整的。站在曹魏王权自身的立场上，《三国志·魏书·武帝纪》对此的叙述基调是"自天子西迁，朝廷日乱，至是宗庙、社稷、制度始立"。而如下表所示，建安十八年(213)献帝封曹操为魏公时所发布的《策命》，与青龙二年(234)曹魏王朝在"追谥山阳公为汉孝献皇帝，葬以汉礼"之后所发布的《赠山阳公册书》〔6〕，先后以更加完整的形式回顾了这一进程：

表2

建安十八年(213)《封魏公策命》	青龙二年(234)《赠山阳公册书》
朕以不德，少遭愍凶，越在西土，迁于唐卫。当此之时，若缀旒然，宗庙乏祀，社稷无位；群凶觊觎，分裂诸夏，率土之民，朕无获焉，即我高祖之命将坠于地。……乃诱天衷，诞育丞相，保乂我皇家，弘济于艰难，朕实赖之。今将授君典礼，其敬听朕命。	呜呼，昔皇天降戾于汉，俾逆臣董卓，播厥凶虐，焚灭京都，劫迁大驾。于时六合云扰，奸雄熛起。帝自西京，徂唯求定，臻兹洛邑。畴咨圣贤，聿改乘辕，又迁许昌，武皇帝是依。岁在玄枵，皇师肇征，迄于鹑尾，十有八载，群寇歼殄，九域咸乂。惟帝念功，祚兹魏国，大启土宇。

在上述两段以简洁典雅的拟古文辞面目出现的“国史大纲”中，曹操拯救汉献帝于末世乱局的“功臣”形象无比清晰，并与曹氏新王权的起源构成了明显的因果关系。需要注意的是，后者已经到了曹魏王权步入第三代的魏明帝时期。可以说以袁绍为代表的与曹氏竞争的汉末群雄，在政治上和肉体上被曹氏消灭的同时，也在历史书写上为后者所压制。曹氏的“功臣”形象在这一时期应该是相当主流化的。

那么，范晔《后汉书・献帝伏皇后纪》中的上述“献帝都许”相关书写，又是来自何方呢？答案恰恰是来自在政治上和历史书写上都未被曹氏彻底消灭的孙吴。《说郛》卷五九引《献帝春秋》曰：

献帝都许，守位而已。宿卫近侍，莫非曹氏党旧恩戚。议郎赵彦尝为帝陈言时策，曹操恶而杀之。其余内外，多见诛。操后以事入见殿中，帝不任其忿，因曰："君能相辅，则厚；不尔，幸垂恩相舍。"操失色，俛仰求出。旧仪，三公辅兵入朝，令虎贲执刃挟之。操顾左右，汗流浃背，自后不敢复朝请。[7]

以上叙述在基本结构（总论＋三层面例证）和具体文字上都与前引《后汉书・献帝伏皇后纪》所载几无差别，后者对前者的文本因袭之迹昭然[8]。《献帝春秋》为孙吴袁晔的作品，虽然并非孙吴国史，但在政治立场上与官方并无二致。裴松之对袁晔此书有严厉的批评，说他"轻弄翰墨，妄生异端，以行其书。……实史籍之罪人，达学之所不取者也"[9]。但上面这段叙述主旨明晰又层次分明，其中献帝对曹操所言卑辞与其天子身份的反差，尤为凸显二人间君臣关系的扭曲，就否定曹氏的"功臣"身份即其皇帝权力起源的正当性而言，书写效果是非常出色的。也难怪会受到以"非曹"为己任的范晔的青睐，将其悄然转化为《后汉书・献帝伏皇后纪》的有机组成。

紧接此段文字之后，《后汉书・皇后纪下・献帝伏皇后》记述了伏后之死。即建安十九年（214），伏氏家族谋反事发后：

（曹操）又以尚书令华歆为郗虑副，勒兵入宫收（伏）后。闭户藏壁中，歆就牵后出。时帝在外殿，引虑于坐。后被发徒跣行泣过诀曰："不能复相活邪？"帝曰："我亦不知命在何时！”顾谓虑曰：“郗公，天下宁有是邪？”遂将后下暴室，以幽崩。所生二皇子，皆酖杀之。后在位二十年，兄弟及宗族死者百余人，母盈等十九人徙涿郡。

熟读《三国演义》的国人恐怕立刻会想起第六十六回《关云长单刀赴会，伏皇后为国捐生》中的那一段：

平明，使御林将军郗虑持节入宫，先收皇后玺绶。……伏后情知事发，便于殿后椒房内夹壁中藏躲。少顷，尚书令华歆引五百甲兵，入到后殿，问宫人：“伏后何在？”宫人皆推不知。歆教甲兵打开朱户，寻觅不见，料在壁中，便喝甲士破壁搜寻。歆亲自动手，揪后头髻拖出。后曰：“望免我一命！”歆叱曰：“汝自见魏公诉去！”后披发跣足，二甲士推拥而出。……且说华歆将伏后拥至外殿。帝望见后，乃下殿，抱后而哭。歆曰：“魏公有命，可速行。”后哭谓帝曰：“不能复相活耶？”帝曰：“我命亦不知在何时也！”甲士拥后而去。帝捶胸大恸，见郗虑在侧，帝曰：“郗公，天下宁有是事乎？”哭倒在地。郗虑令左右扶帝入宫。华歆拿伏后见操。操骂曰：“吾以诚心待汝等，汝等反欲害我耶？吾不杀汝，汝必杀我。”喝左右乱棒打死。随即入宫，将伏后所生二子皆鸩杀之。当晚，将伏完、穆顺等宗族二百余口，皆斩于市。朝野之人，无不惊骇。时建安十九年十一月也。〔10〕

两相比较，虽然《三国演义》又有不少添油加醋的发挥，诸如“乃下殿，抱后而哭”“帝挝胸大恸”“喝左右乱棒打死”之类，但对此事件的书写脉络和诸多细节其实大体继承自《后汉书・献帝伏皇后纪》。在范晔这里，“伏后之死”故事的骨架已经相当完整了，包含了“华歆勒兵入宫收伏后——伏后与献帝行泣诀别——献帝语郗虑以悲愤之言”这样三个前后连贯的戏剧性情节构成，在渲染曹操对献帝的控制与胁迫之效果方面已臻极境。寥寥数语，为献帝一方博得无限同情的同时，也将“汉贼”的十字架牢牢钉在了曹操的背上。

这是真实的吗？从政治史的脉络分析可以认为“伏后被处死”这一历史事件很可能确为曹操一方所主导（献帝在其中扮演了什么样的角色不明），但是否依照上述“伏后之死”叙述所见的具体戏剧性情节构成来发生则是相当值得怀疑的。与前文一样，不妨对比来看曹魏王权一方主导的历史书写对此如何叙述。

表3

陈寿《三国志・魏书・武帝纪》	司马彪《续汉书・孝献伏皇后》
十一月，汉皇后伏氏坐昔与父故屯骑校尉完书，云帝以董承被诛怨恨公，辞甚丑恶，发闻，后废黜死，兄弟皆伏法。	孝献伏皇后，琅琊东武人。侍中、辅国将军、不其侯完女也。后坐与父完谋为奸书，诈罔不道。上收后，下暴室诏狱，忧死。兄弟皆伏诛。〔11〕

陈寿《三国志》和司马彪《续汉书》均成于西晋，其中关于汉魏之际史事的书写，与曹魏国史存在明显的继承关系。上表所

列两段文字小有差异，但基本的叙述基调是一致的，即伏后之死既是“罪有应得”，又是“依法处死”，展示了从内在于曹魏王权的立场如何书写伏后之死。尤其司马彪明确将处死伏后的主体书写为“上”即汉献帝，比陈寿更为明显地继承了这一立场〔12〕。

既然如此，范晔《后汉书·献帝伏皇后纪》中与曹魏王权立场相左的“伏后之死”叙述，又是来自何方呢？毫不意外，又是来自在政治上和历史书写上都未被曹氏彻底消灭的孙吴，而且这次不仅在一种作品中有所表现，如下表所示。

表 4

《曹瞒传》	谢承《后汉书》
公遣华歆勒兵入宫收后，后闭户匿壁中。歆坏户发壁，牵后出。帝时与御史大夫郗虑坐，后被发徒跣过，执帝手曰：“不能复相活邪？”帝曰：“我亦不自知命在何时也。”帝谓虑曰：“郗公，天下宁有是邪！”遂将后杀之，完及宗族死者数百人。〔13〕	曹操逼献帝废伏后，以尚书令华歆〔为〕郗虑副，勒兵入宫收后。后闭户藏壁中，歆就牵后出。时帝在外殿，后被发徒跣行泣过诀曰：“不能复相活耶？”帝曰：“我亦不知命在何时。”〔14〕

《曹瞒传》和谢承《后汉书》均早已散佚，仅在后世史注、类书的引用中存留只鳞片爪。但由上表所见佚文仍然可以肯定，二书关于“伏后之死”的叙述是高度一致的，在文本上存在同源关系。谢承《后汉书》成立于孙吴黄武年间前后，其书虽以《东观汉记》为主要史料来源，正统立场则明确在孙吴一方。《曹瞒传》的具体成立时间不明，但为吴人作品无疑。

清人章宗源对其评价甚高：

> 其言(曹)操少好飞鹰走狗，游荡无度，又佻易无威重，好音乐，及遣华歆入宫收伏后事，语皆质直，不为魏讳。[15]

章氏明确提到了“遣华歆入宫收伏后事”，给予“语皆质直”的好评，显示了他在“直书/曲笔”二元对立框架下对“曹氏为汉贼”之立场的继承。实际上“伏后之死”作为许都宫廷之中发生的政治事件，双方当事人或者沉默不语(伏后/献帝)，或者书之以罪有应得(曹氏)，远在江南的孙吴又是如何拿到这个包含大量非亲历不得知的细节的另类版本的呢？吴人当然有很多种获取北方情报的途径，但这些信息至少不应该比曹魏一方的书写更有机会得到历史学的“赦免”。

无论《曹瞒传》和谢承《后汉书》的相互因袭关系如何，上述极富戏剧感的“伏后之死”叙述都反映了孙吴王权的政治立场，本质上是孙吴精英与王权共谋互动的历史书写表现。孙吴一方利用历史书写提升自身正统性有多种表现形式。如其国史韦昭《吴书》亦为董卓、曹操等东汉末群雄立传，对应着孙吴政权以东汉正统继承者自居的自我定位。目光如炬的蔚宗当然也不会浪费这一上佳素材，再一次化用在《后汉书·献帝伏皇后纪》中[16]，为曹氏的“汉贼”之棺结结实实地又打下了一枚钉子。

习凿齿的“尊晋”思路

从上文的梳理看来，关于献帝与曹操关系的历史书写，在汉末三国时期存在着两大潮流。其一以曹操为汉之“功臣”，这来自曹魏王权的自我定位，并全面贯彻于国史书写之中；其二以曹操为“汉贼”，这来自与曹操敌对的汉末群雄，并在曹魏一统北方后仍然继续流传于江南的孙吴政权并有所发展。与曹魏占据东汉十三州中的九州之地而孙吴仅占南方三州相对应，整体上曹魏的“功臣”形象也应该对“汉贼”形象具有压倒性优势，在当时的天下之中居于主流地位。其后继承曹氏正统的西晋又通过消灭孙吴政权完成了天下一统，这种优势和主流地位应该更加稳固了。由此不难理解陈寿《三国志》为何采取“帝魏”而“闰蜀吴”的书法。

然而，如上文所见，到了5世纪中叶范晔撰《后汉书》时，接续的却是貌似已经被消声的孙吴历史书写传统。曹氏的“汉贼”形象遂成定局，再无翻身之日。这种与政治史进程貌似相悖的“思想起义”，究竟是如何在这一个半世纪中达成的呢？

习凿齿在东晋中期撰作《汉晋春秋》，可能是一个明显的发展节点。此书“起汉光武，终于晋愍帝。于三国之时，蜀以宗室为正，魏武虽受汉禅晋，尚为篡逆，至文帝平蜀，乃为汉亡而晋始兴焉”〔17〕，一反西晋时陈寿《三国志》以曹魏为正统、蜀吴为“伪朝”的立场（这也是西晋朝廷的官方立场），改以蜀汉继承东汉正统，曹魏则变成了“篡逆”的非正统政权。虽然《晋书·习凿齿传》将其撰作动机归之于对“桓温觊觎非望”的“裁正”，但学者一般还是认为其中存在着更为广大的思想背景。清代四库馆臣即有如下看法：

> 其书（《三国志》）以魏为正统。至习凿齿作《汉晋春秋》，始立异议。自朱子以来，无不是凿齿而非（陈）寿。然以理而论，寿之谬万万无辞；以势而论，则凿齿帝汉顺而易，寿欲帝汉逆而难。盖凿齿时晋已南渡，其事有类乎蜀。为偏安者争正统，此孚于当代之论者也。寿则身为晋武之臣，而晋武承魏之统。伪魏是伪晋矣，其能行于当代哉？此犹宋太祖篡立近于魏，而北汉、南唐迹近于蜀。故北宋诸儒皆有所避而不伪魏。高宗以后，偏安江左近于蜀，而中原魏地全入于金。故南宋诸儒乃纷纷起而帝蜀。此皆当论其世，未可以一格绳也。〔18〕

四库馆臣将习凿齿“是蜀非曹”之正统观的出现，归之于“为偏安者争正统”，即江南王朝自我正当化动机的驱动。此说乍听似有道理，实则未必。确实“凿齿时晋已南渡”，但东晋建康朝廷从未放弃过西晋正统继承人的自我定位，而西晋的正统承袭自曹魏。从这一角度来说，即使在东晋时期，无疑也存在着“伪魏是伪晋矣”的风险。事实上当时也很少人能够接受习凿齿这一通过蜀汉的中介连接东汉与西晋的另类正统传递提案，盖因诸葛丞相的“圣化”进程是远远滞后于曹丞相的“黑化”进程的。我们仍然需要探询习氏这一貌似特异之主张背后的“内在理路”。

其实在《汉晋春秋》之外，《晋书·习凿齿传》所载习氏临终上疏更有分析价值。在这里他没有纠缠于是否拔高蜀汉的历史地位，而是重点强调“皇晋宜越魏继汉，不应以魏后为三恪”，认为如此才能实现“尊晋”的根本目的[19]。其后列举的主要理由在于：

> 昔汉氏失御，九州残隔，三国乘间，鼎跱数世，干戈日寻，流血百载，虽各有偏平，而其实乱也。……至于武皇，遂并强吴，混一宇宙，乂清四海，同轨二汉。除三国之大害，静汉末之交争，开九域之蒙晦，定千载之盛功者，皆司马氏也。而推魏继汉，以晋承魏，比义唐虞，自托纯臣，岂不惜哉！
>
> 今若以魏有代王之德，则其道不足；有静乱之功，则孙刘鼎立。道不足则不可谓制当年，当年不制于魏，则魏未曾为天下之主；王道不足于曹，则曹未始为一日之王矣。昔共工伯有九州，秦政奄平区夏，鞭挞华戎，专总六合，犹不见序于帝王，沦没于战国，何况暂制数州之人，威行境内而已，便可推为一代者乎！

可见习氏所尊之“晋”，重点仍在曾一统天下、“除三国之大害，静汉末之交争”的西晋，而非偏安江南的建康政权。而曹魏之所以未能获得如司马氏一般的正统性，正是缘于只是“暂制数州之人”，“未曾为天下之主”。这里“天下”的措辞显示，时人眼中王朝正统性的获致，与统治疆域上“同轨二汉”“伯有九州”互为表里〔20〕。吴、蜀政权的存在，即使只是占据“九州”边缘的扬、荆、益三部，对曹魏王权的正统性也构成了相当挑战。而司马氏通过先后消灭蜀、吴政权实现了天下一统，方才获得了继承东汉正统的资格，由此“以晋承汉，功实显然，正名当事，情体亦厌，又何为虚尊不正之魏而亏我道于大通哉”〔21〕。

习凿齿的上述言论，不由让人联想到建安年间荀彧与曹操之间曾两度爆发的政治分歧。荀彧无疑是属于曹操一方的重臣。如所周知，作为汉魏之际颍川名士的代表，他于初平二年(191)弃袁投曹之后，从举荐人才到画策定谋多有重要贡献，是曹操势力能够不断发展壮大的关键人物。但诸多迹象表明，他对曹操的支持并非无条件的臣从，而是有着独立的政治理念的支撑，在汉魏之际的清流士人这一新兴精英群体中颇具代表性〔22〕。

荀彧与曹操的第一次重大政治分歧发生在建安九年(204)九月后。当时曹操刚刚击溃盘踞邺城的袁氏残余势力，献帝以曹操领冀州牧。有人提议“宜复古置九州，则冀州所制者广大，天下服矣”。以《尚书·禹贡》所载九州替代现实中东汉王朝的十四州，不仅可以极大扩充曹操作为冀州牧所领地盘，根本用意还在于以此“古制”超越现实中的“汉制”，实现曹操身份的升格，推动曹氏向着新王权的成立迈出重要一步。史载曹操“将从之”，显然颇为动心。而荀彧对此明确反对，认为如此将使海内诸侯“人人自恐不得保其土地，守其兵众也”，建议曹操应该“先定河北，然后修复旧京，南临荆州，责贡之不入，则天下咸知公意，人人自安”。那么“九州”这样的“古制”是否可行呢？荀彧的回答是：“天下大定，乃议古制，此社稷长久之利也。”〔23〕因为曹操此时尚未封建魏国，这里的“社稷”表面上只能理解为汉家社稷，但聪明如曹操者，应该能从这一修辞听出荀彧实际上是为曹氏新王权的成立——“古制”可理解为其启动程序的象征性表现——设定了明确的启动标准：天下大定。对应于“禅让”模式下对新王权的意识形态要求，这就是“功臣”身份的最大化〔24〕。对此曹操心中作何感想不得而知，但结果是明确的，“太祖遂寝九州议”。

至建安十七年（212），华北大部已为曹操所平定。而五年前赤壁一败导致孙权、刘备二雄独立于长江流域的局面并无根本改观，显然距离“天下大定”尚远。但此年董昭即建议曹操“进爵国公，九锡备物”。以异姓为“国公”并非汉代传统，九锡更是非常之制。董昭之议的目的与此前的“置九州”一样，都在于以“古制”/“非常之制”将曹操身份自丞相、县侯进一步升格以实现“去臣化”，向着“汉魏禅代”迈出更为决定性的一步。此举无疑得到了曹操的授意和支持。曹操为此“密以咨彧”,董昭本人也特意致信荀彧,显然都期待得到他的积极回应。但荀彧对此仍持反对态度,“太祖由是心不能平”;荀彧随即被召至南征前线寿春,“以忧薨”。这当然是双方的政治分歧最终无可弥合的悲剧结局。但联系到建安九年时荀彧的建言,他的反对应非针对汉魏更替这一根本目的,也未必是对董昭提议的“进爵国公,九锡备物”这一升格路径本身有技术性意见,毋宁认为是在此举启动的时间节点是否合适方面心存疑虑。或者说在他看来,曹氏尚未获致启动新王权的足够资格,“革命尚未成果,同志仍需努力”。从建安九年到建安十七年,荀彧始终坚持的新王权成立的启动标准应该就是“天下大定”。

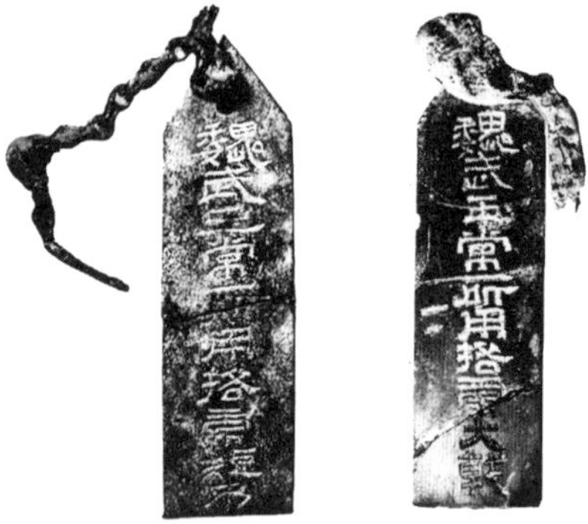

曹操高陵出土石牌

曹操对此“心不能平”，必置荀彧于死地，虽然并非“显诛”[25]。很可能这股不平之气是自建安九年一直郁积到十七年的。荀彧死后，曹操随即于建安十八年（213）正月推动献帝朝廷“复为九州”，五月受封魏公建国，半年之内把两大“古制”都复活了。可以认为伴随着荀彧之死，曹氏一方正式放弃了以“天下大定”作为新王权成立的启动标准，开始按部就班地稳步推动“汉魏禅代”进程。最终在建安二十五年（220）曹操先行去世的情况下，由世子曹丕接任魏王，于当年十月顺利完成了新旧王权的交替。

然而，荀彧的幽灵并不是那么容易散去的。联系到曹氏代汉四十余年后即为司马氏所取代，习凿齿在4世纪后期给予曹魏“暂制数州之人”“未曾为天下之主”的苛刻评价，仿佛是对文若当年“天下大定，乃议古制，此社稷长久之利也”之言论的遥远回应。荀彧所代表的部分汉末精英关于王权更替的政治理念，即使在曹魏治下处于潜流状态，也未必对人心和舆论毫无影响。

值得注意的是，以类似“三国”“鼎立”的措辞指称汉末西晋之间历史的做法，在东晋时代并不罕见。如《晋书》卷九二《文苑传·袁宏》载与习凿齿大致同时的袁宏在东晋中期撰《三国名臣颂》。篇末“复缀序所怀，以为之赞曰”：

火德既微，运缠大过。洪飙扇海，二溟扬波。虬兽虽惊，风云未和。潜鱼择川，高鸟候柯。赫赫三雄，并回乾轴。竞收杞梓，争采松竹。凤不及栖，龙不暇伏。谷无幽兰，岭无停菊。

袁宏以“火德既微，运缠大过”作为“赫赫三雄，并回乾轴”的前提，与前述习凿齿上疏的逻辑如出一辙，落脚点仍在完成了天下一统的西晋，同时也意味着曹魏并非东汉正统的完整继承者〔26〕。再至晋宋之际的义熙元年（405），西凉主李暠遣使送表至建康，其中有云：

昔汉运将终，三国鼎峙，钧天之历，数钟皇晋。高祖阐鸿基，景文弘帝业，嗣武受终，要荒率服，六合同风，宇宙齐贯。〔27〕

虽然只是来自西凉这一汉晋天下边缘的上表，但其中的措辞表述应是李暠一方在充分掌握情报的基础上，为应和建康精英的政治意识而作〔28〕。“汉运将终，三国鼎峙，钧天之历，数钟皇晋”之语应用于此边陲上表，显示前述习凿齿、袁宏所言背后的正统意识与历史认知，并非仅为个人独见，相当程度上是建康精英主流观念的反映。类似措辞甚至可以上溯至东晋初年。《晋书》卷六一《周浚传》载周嵩向元帝上疏，其中有言：

近者三国鼎峙，并以雄略之才，命世之能，皆委赖俊哲，终成功业，贻之后嗣，未有愆失遗方来之恨者也。

“三国鼎峙”之语与前引习氏上疏所谓“三国乘间，鼎跱数世”相类，背后对应的一方面是“汉氏失御，九州残隔”的正统意识，一方面则是对魏、蜀、吴一视同仁，“皆委赖俊哲，终成功业”，并无高下之别。习凿齿《汉晋春秋》提倡以蜀汉政权作为东汉王权的延续以实现所谓“尊晋”，这一主张表面上的特异性，事实上正是以东晋一朝普遍存在曹魏并非东汉正统的完整继承者这一认知为前提的[29]。

陈寿《三国志》的二重“政治性”

行文至此，陈寿《三国志》自然再次回到了我们的视野里。按照前文的梳理，不同于5世纪中叶范晔《后汉书·献帝纪》中曹氏的“汉贼”形象，3世纪末陈寿所撰《三国志·魏书》中，曹氏呈现为汉之“功臣”的形象，这是对曹魏王权自我定位的忠实继承。西晋官方仍以曹魏为正统，朝野多以吴、蜀为“伪朝”，《三国志》也相应采取了“帝魏”而“闰蜀吴”的书法。但正如雷家骥所言，“陈寿之构思笔法，已足以表示他承认正朔有三的历史及政治事实”[30]。李纯蛟的意见更为直接敏锐：

> 《三国志》以魏帝为本纪，表明有过汉→魏→晋这个统绪，在形式上迎合了当局争正统的政治需要；但是从实质上讲，《三国志》并不承认这个统绪是完整的。[31]

在西晋一统天下后出现《三国志》这样的作品，对于曹魏王权正当性的维持而言，确实是一个危险的信号。考虑到三国之中曹魏的优势地位以及魏晋之间明确的继承关系，采取将魏、蜀、吴三方分“国”撰述又并为一书的形式，来书写东汉与西晋之间的历史过程，且总名之以《三国志》[32]，看似对三方一视同仁，其实对曹魏正统性的杀伤力最大，等于直言曹魏不具有东汉正统的完整继承资格，只是还没有像前引习凿齿上疏所言的“暂制数州之人”“未曾为天下之主”那样露骨而已。

北魏时崔鸿撰有《十六国春秋》，可以帮助我们更好地理解陈寿《三国志》在西晋时期所具有的强烈“政治性”。崔鸿此书成于5世纪末北魏王朝自平城迁都洛阳之后。《魏书》卷六七《崔光传附崔鸿传》言其著述因缘曰：

> 鸿弱冠便有著述之志，见晋魏前史皆成一家，无所措意。以刘渊、石勒、慕容儁、苻健、慕容垂、姚苌、慕容德、赫连屈孑、张轨、李雄、吕光、乞伏国仁、秃发乌孤、李暠、沮渠蒙逊、冯跋等，并因世故，跨僭一方，各有国书，未有统一，鸿乃撰为《十六国春秋》，勒成百卷，因其旧记，时有增损褒贬焉。

崔鸿以《十六国春秋》命名这部百卷心血之作，有其深意在。这一书名首先提示了崔鸿选择作为撰述对象的上述十六个政权为“十六‘国’”。联系到前文所述东晋时代的“三国”措辞与陈寿《三国志》的命名，可以明了所谓“国”即暗示着不具备完整正统性的分裂政权，而区别于习凿齿所谓具有完整正统性的“天下之主”“推为一代”云云。

《十六国春秋》所谓“并因世故，跨僭一方”，包含着两种相互关联的政治意涵。在崔鸿给宣武帝的上表中，对此有着更为明确的表述。一方面是“昔晋惠不竞，华戎乱起，……中原无主，八十余年”，“自晋永宁以后，虽所在称兵，竞自尊树，而能建邦命氏成为战国者，十有六家”；另一方面则是“皇魏龙潜幽代，世笃公刘，内修德政，外抗诸伪……。太祖道武皇帝以神武之姿，接金行之运，应天顺民，龙飞受命。……世祖雄才叡略，阐曜威灵，农战兼修，扫清氛秽。岁垂四纪，而寰宇一同”〔33〕。也就是说，上述十六个政权的性质被定位为活动于西晋和北魏这两大正统王朝之间的“诸伪”。这意味着只有北魏才是西晋正统的完整继承者。而“十六国”一方面是西晋王朝的末世群雄，一方面又是北魏王朝的“开国群雄”，发挥着“帝王之兴也，虽诞应图箓，然必有驱除”〔34〕的意识形态功能。

因此，《十六国春秋》的体裁构成，即由《前赵录》《后赵录》《前燕录》《前秦录》《后燕录》《后秦录》《南燕录》《夏录》《前凉录》《蜀录》《后凉录》《西秦录》《南凉录》《西凉录》《北凉录》《北燕录》这十六部各自对应相应政权的“诸录”作品合并而成，固然有这些政权“各有国书”使得崔鸿可以“因其旧记”

的技术性考虑，但也与上述意识形态定位相关。崔鸿采取将上述十六个政权分“国”撰述又并为一书的形式，来书写西晋与北魏之间的历史，且总名之以《十六国春秋》，与前述陈寿《三国志》的书写方式如出一辙。

问题在于，上述十六个政权的地位并不完全等同。如笔者曾经指出过的，“五胡十六国”时期活跃于华北的诸政权，可以简单地区分为“天下国家”和“边缘政权”两种类型〔35〕。前者包括汉赵、后赵、前秦、前燕、后秦和后燕，这些政权稳定据有华北地区汉晋以来的腹心地带（以关中平原与河北平原为代表），甚至如后赵和前秦也曾一度统一华北；与此相应，其统治者自称“皇帝”/“天子”，在法统上以接续之前的西晋王朝为己任，同时对南方的建康东晋政权保持敌对态度。后者包括成汉、“诸凉”、西秦、西燕、南燕、北燕等，这些政权只是割据于汉晋以来腹心地带以外的边缘区；其统治者或者没有称帝的野心，接受上述“天下国家”或者东晋的册封，或者虽然称帝，但不曾据有中原腹心。

江南的建康精英对于上述二者的区别了然于心。他们在晋宋之际造作了“五胡”这一特别称谓来称呼上述“天下国家”，尽管正统性屈居东晋之下，只是建康的新王者崛起之前的“闰位”而已，但历史地位仍然远高于那些“边缘政权”〔36〕。北魏在百年平城时代的绝大多数时间里也是如此。道武帝拓跋珪建国后定自身为土德。土德上承火德、木德和水德，各自对应前秦、前燕和后赵。而后赵之水德，承自西晋之金德。北魏以自身为土德之举，意味着承认之前五胡“天下国家”的正统地位和对汉晋天下的领有，将自身定位为他们的继承者。

但北魏孝文帝在太和十四年(490)亲政后随即对王朝德运进行了调整，改自身为水德。这意味着否定了之前五胡国家的正统性，直承西晋之金德〔37〕。这一措施与孝文帝意欲将北魏书写为继承汉晋正统的“华夏国家”的多种努力相表里。崔鸿《十六国春秋》在北魏洛阳时代的出现，也可以纳入这一时代潮流之中。采取这一形式来书写西晋与北魏之间的诸政权，最大的“受害者”显然正是其中的诸“天下国家”；通过将它们贬斥至与前述“边缘政权”并列为“十六‘国’”，北魏自身作为西晋正统性的主要继承者的地位得到了进一步确认和提升〔38〕。

由此返观西晋时代陈寿以《三国志》的形式来书写东汉与西晋间的历史，也就很容易理解这部出之于蜀人之手的作品，何以能在西晋朝野的精英人群中得到相当高的评价。《晋书》卷八十《陈寿传》所谓“时人称其善叙事，有良史之才”“辞多劝诫，明乎得失，有益风化，虽文艳不若相如，而质直过之”，在“良史之才”“质直过之”之类泛泛之辞的背后，隐藏着对于《三国志》否定曹魏王权之完整正统性的赞赏态度。《陈寿传》又载：

> 夏侯湛时著《魏书》，见寿所作，便坏己书而罢。张

> 华深善之，谓寿曰："当以《晋书》相付耳。"其为时所重如此。

夏侯湛在看过陈寿《三国志》之后，即放弃了自己撰述《魏书》的计划。需要特别指出的是，这里夏侯湛所欲撰之《魏书》，对应的并非仅仅只是《三国志》中的《魏书》部分，而应是由《魏书》《吴书》和《蜀书》共同组成的整部《三国志》。如此，夏侯《魏书》若有机会撰成，很可能是如曹魏国史王沈《魏书》那样，将孙吴、蜀汉政权之君臣都囊括在内，与董卓、袁绍等东汉末群雄并列为"开国群雄传"的一部分〔39〕。或者是如成于曹魏明帝时代的鱼豢《魏略》那样，将吴、蜀君臣以"载记"的形式囊括在内〔40〕。换言之，以《魏书》这一形式来书写东汉与西晋间的历史，意味着仍然忠实继承了曹魏王权的历史书写立场，承认曹魏正统的完整性〔41〕。又《太平御览》卷二三四《职官部・著作佐郎》引《张华别传》曰，"当时夏侯湛等多欲作《魏书》，见(陈)寿所作即坏己书"，显示这一书法不止于夏侯湛的个人独见，在当时本是主流。

号称"幼有盛才，文章宏富"的夏侯湛，之所以"见寿所作即坏己书"，未必只是因为拜服其"良史之才"，而是在"尊晋"这一最大的"政治正确"方面，"《魏书》"显然较"《三国志》"落了下风。将曹魏贬为三"国"之一，而非"天下之主"，更可以突出西晋的历史地位，达到类似前述习凿齿上疏所言"除三国之大害，静汉末之交争，开九域之蒙晦，定千载之盛功者，皆司马氏也"的历史书写效果，使得西晋成为东汉正统的完整继承者，而无需经过曹魏这一中介。代表西晋王权立场的张华欲"以《晋书》相付"，看中的不仅是陈寿的"良史之才"，还当包括了《三国志》在"尊晋"方面所取得的良好效应。

结　语

因此，前述东晋时期流行的以"三国""鼎立"之类措辞指称汉末西晋之间的历史，可以肯定是滥觞于西晋洛阳时代，而无需等到后来的典午南渡。此时此地，曹魏王权尚在西晋官方认定的正统之列，在以吴、蜀为"伪朝"的对比下，曹氏的汉之"功臣"形象尚属主流。然而，当年荀彧所代表的部分汉末精英以"天下大定"为启动标准的王权更替理念，在魏晋朝野恐怕仍具影响。在这样的背景下，蜀人陈寿创造性的以《三国志》的形式，表面上"帝魏"而"闰蜀吴"的同时，让西晋洛阳精英为了最大程度的"尊晋"而不惜付出"贬曹"的代价，为曹魏"功臣"形象的崩坏凿开了第一道裂口。孙吴时代以敌国立场写下的诸多传闻之辞由此涌入主流视野，获得了更大的流通舞台；诸多自建安时代以来为曹魏王权所压制近于消声的历史书写，也因之获得了苏醒的机会，为史家所重视与记录。裴松之注的出现，范晔《后汉书》对《献帝起居注》等作品的承袭〔42〕，皆可纳入这一历史脉络。正是在这一过程中，曹魏王权的正当性经历了相反的“颠倒”之旅，最终被定格于“汉贼”的历史像。

本文 2021 年 3 月 20 日曾以线上讲座形式报告于“北大博雅讲坛”第 374 期。详参拙著《观书辨音：历史书写与魏晋精英的政治文化》第二章《名、实之间：〈献帝纪〉与〈献帝传〉》。

注释

〔1〕赵翼撰，王树民校证：《廿二史札记校证》卷六，“《后汉书》《三国志》书法不同处”条，北京：中华书局，1984 年，第 119 页。

〔2〕参见汪荣祖：《史传通说：中西史学之比较》，北京：中华书局，1999 年，第 115—116 页。

〔3〕徐大英：《陈寿修史“多所回护”说辨析》，收入张越主编：《〈后汉书〉、〈三国志〉研究》，北京：中国大百科全书出版社，《20 世纪二十四史研究丛书》第五卷，2009 年，第 256—259 页。

〔4〕雷家骥：《中国古代史学观念史》，第九章第二节《陈寿的理念与〈三国志〉》，北京：北京师范大学出版社，2018 年，第 296、298 页。

〔5〕《六臣注文选》卷四四，北京：中华书局，1987 年，第 823—826 页。

〔6〕分见《三国志》卷一《魏书·武帝纪》，北京：中华书局，1959 年，第 37 页；同书卷三《魏书·明帝纪》，第 102 页。

〔7〕《说郛》(一百二十卷本)，《说郛三种》，上海：上海古籍出版社，1988 年，第 2726 页。

〔8〕类似文本还见于《太平御览》卷九二《皇王部·后汉孝献皇帝》所引《汉晋阳秋》。范晔《后汉书·皇后纪》的相关书写，可能经过了习凿齿《汉晋春秋》的中介，未必是直接袭自袁晔《献

帝春秋》。

〔9〕《三国志》卷六《魏书·袁绍传》裴松之注，第206页。

〔10〕《三国演义》，北京：中华书局，2009年，第400—401页。

〔11〕《太平御览》卷一三七《皇亲部·东汉孝献伏皇后》，北京：中华书局，1960年重印商务影宋本，第669页。

〔12〕司马彪《续汉书》多有“偏党”曹魏政权的表现。参见陈俊伟：《叙述观点与历史建构——两晋史家的“三国”前期想象》，台北：秀威经典，2015年，第三章第三节《司马彪〈续汉书〉对曹魏政权的书写态度》，第150—165页。

〔13〕《三国志》卷一《魏书·武帝纪》建安十九年裴松之注，第44页。

〔14〕《太平御览》卷三七三《人事部·发》，第1720页。

〔15〕章宗源：《隋书经籍志考证》，《二十五史补编》，北京：中华书局，1955年，第4册，第5029页。

〔16〕不能确定范晔是否直接袭用吴人所书。此段“伏后之死”叙述又先后见于两晋之际张璠所撰《汉记》和东晋袁宏《后汉纪》。参见陈俊伟：《叙述观点与历史建构——两晋史家的“三国”前期想象》，第三章第三节《司马彪〈续汉书〉对曹魏政权的书写态度》，第153—154页。

〔17〕《晋书》卷八二《习凿齿传》，第2154页。

〔18〕《四库全书总目》卷四五《史部·正史类一·三国志》，北京：中华书局，1965年，第403页。

〔19〕参见中村圭爾：《魏蜀正閏論の一側面》，收入氏著《六朝政治社会史研究》，东京：汲古书院，2013年，第439—460页。中村氏进一步指出，习氏提倡以“魏蜀正闰论”尤其是“蜀正统论”实现“尊晋”，主要目的在于为司马氏创业三代的僭上篡逆“免罪”。笔者对此意见有所保留。

〔20〕参见渡辺信一郎：《中国古代的王权与天下秩序（增订版）》，第一章《天下的意识形态结构——以唐代中国与日本律令制国

家的比较为中心》，第二章《天下的领域结构——以战国秦汉时期为中心》，徐冲译，上海：上海人民出版社，2021 年。

〔21〕《晋书》卷八二《习凿齿传》，第 2156 页。

〔22〕参见拙著《观书辨音：历史书写与魏晋精英的政治文化》，第一章《哀歌与史诗：〈献帝起居注〉与献帝朝廷的历史意义》。当然，这并不意味着荀彧的“本志”在于匡佐汉室。这种再评价本质上是西晋一统海内之后“贬魏尊晋”思潮涌动的结果，或许也有荀氏后人的助力。将荀彧硬嵌入“拥汉派”抑或“拥曹派”的二元对立进行理解，殊难合辙于汉魏之际的历史情势。荀彧对于作为最终结果的“以魏代汉”并无异议，或者不如说是积极的促成者。他与曹操的政治分歧实际在于应通过何种方式和进程“正当的”实现汉魏王权交替。

〔23〕《三国志》卷十《魏书·荀彧传》，第 315 页。

〔24〕参见徐冲：《“禅让”与魏晋王权的历史特质》，收入本书。

〔25〕荀彧所谓“以忧薨”，很可能是被迫自杀，但死后仍得到了给谥和立碑的哀荣待遇。曹植作有《光禄大夫荀侯诔》，应该也反映了曹操的态度。

〔26〕袁宏《后汉纪》亦颇有“是蜀非曹”的若干表现。参见陈俊伟：《叙述观点与历史建构——两晋史家的“三国”前期想象》，第四章《袁宏〈后汉纪〉的人心犹思汉论证与扶汉表彰》；雷家骥：《中国古代史学观念史》，第九章第四节《批判制裁下的东晋史学》。

〔27〕《晋书》卷八七《凉武昭王李玄盛传》，第 2259—2260 页。

〔28〕参见拙著《观书辨音：历史书写与魏晋精英的政治文化》，第七章《“西虏”与“东虏”：谢灵运〈劝伐河北书〉所见华北局势与历史认识》，第八章《“五胡”新诠：晋宋之际建康精英的历史书写》。

〔29〕《三国志》裴松之注还多次引用过《三国评》一书。作者徐众活动于东晋成帝时期，也可以作为旁证。

〔30〕雷家骥:《中国古代史学观念史》,第九章第二节《陈寿的理念与〈三国志〉》,第295页。

〔31〕李纯蛟:《〈三国志〉的历史地位》,收入《〈后汉书〉、〈三国志〉研究》,第267—282页。

〔32〕参见缪钺:《〈三国志〉的书名》,《读书》1983年第9期;李纯蛟:《〈三国志〉书名称谓考》,收入《〈后汉书〉、〈三国志〉研究》。近年辛德勇《陈寿〈三国志〉本名〈国志〉说》另立新说,主张陈寿之书正式的名称题作“《国志》”,所谓“《三国志》”只是一种俗称或变体(收入氏著《祭獭食跖》,北京:中华书局,2016年)。但辛氏也认为,陈寿取《国志》之名正是因为以此“命名并世列国之史,古人自有共识”;并引范文澜之语:“陈寿取法《国语》,三国并列,各依国势,略示区分。……此深切当时事情。正不必以其仕西晋武帝之朝,遂妄测正统何属之论也。”参见范文澜:《正史考略》,《三国志》条,北平:文化学社,1932年,第52页。此书未得见,转引自辛文。

〔33〕《魏书》,北京:中华书局,1974年,第1502页。

〔34〕关于中古时期“开国群雄”与“驱除”的政治意涵和历史书写,参见拙著《中古时代的历史书写与皇帝权力起源》,单元二第一章《“开国群雄传”小考》。

〔35〕参见徐冲:《赫连夏历史地位的再思考》,收入本书。

〔36〕参见拙著《观书辨音:历史书写与魏晋精英的政治文化》,第八章《“五胡”新诠:晋宋之际建康精英的历史书写》。我认为晋宋之际以降建康精英所言“五胡”称谓并非囊括所有“胡人”政权或人群,而是特指其中曾在华北建立王朝帝业者即诸“天下国家”,对应的是石氏后赵、慕容氏前燕、苻氏前秦、慕容氏后燕+南燕与姚氏后秦这五个王朝,并不包括屠各刘氏所建的汉赵政权在内。

〔37〕参见罗新:《十六国北朝的五德历运问题》,收入氏著《王化与山险:中古边裔论集》,北京:北京大学出版社,2019年。

〔38〕之所以说是“西晋正统性的主要继承者”而非“唯一继承者”，是因为崔鸿作为晚至平城时代后期方才入魏的“平齐户”之后，对维护东晋南朝的正统性始终心存私念，故《十六国春秋》仅以华北诸政权为对象，而未将建康政权收录在内。这与迁洛后北朝精英的自我定位实际上是有冲突的，也有很大的政治风险。魏收《魏书·崔鸿传》明言“鸿二世仕江左，故不录僭晋、刘、萧之书”，又说因为其伯父崔光“贵重当朝”，所以“执事者遂不论之”，不满之意溢于言表。崔鸿也因此而迟迟不愿公布作品。后来东魏高澄执政时，确实曾以“崔鸿《十六国春秋》述诸僭伪而不及江东”为由欲诛杀崔肇师（《北史》卷四四《崔亮传附崔肇师传》，北京：中华书局，1974 年，第 1635 页）。以北魏纪传体国史为基础的魏收《魏书》，将“僭晋司马睿”“岛夷刘裕”等与十六国诸政权一并列为“僭伪列传”的书法，才应该是与迁洛后北朝精英观念最为契合的历史书写。参见梶山智史：《北朝における東清河崔氏——崔鴻『十六国春秋』編纂の背景に関する一考察》，《史林》第 96 卷第 6 号，2013 年。

〔39〕参见拙著《中古时代的历史书写与皇帝权力起源》，单元二第一章《“开国群雄传”小考》。

〔40〕参见津田資久：《『魏略』の基礎的研究》，《史朋》第 31 号，1998 年。津田氏指出鱼豢此书虽为私撰，但很可能与参与了曹魏国史修撰的韦诞所著《大魏书》有关。

〔41〕类似作品时见于曹魏两晋时期，如王沈《魏书》、鱼豢《魏略》、孙盛《魏氏春秋》、孔衍《汉魏尚书》等。

〔42〕参见拙著《观书辨音：历史书写与魏晋精英的政治文化》，第一章《哀歌与史诗：〈献帝起居注〉与献帝朝廷的历史意义》。

曹植毁碑、蔡邕撰碑与魏晋"碑禁"

引　言

"碑禁"是中古文史学界熟悉的话题。来自不同学科领域的学者关照点或有不同,但对这一主题的整体认识相当一致,某种程度上已经"通说化"了[1]。总结前人的研究,可以发现这一"碑禁通说"主要有如下三个相互关联的论点构成:

(1)"碑禁"意味着禁止立碑,立碑为一负面行为。

(2)"碑禁"针对的对象是东汉盛行的"厚葬"之风,是魏晋时期开始推行的"薄葬"措施的组成部分。

(3)"碑禁"导致了西晋墓志的出现。因为无法在墓外立碑,故转入地下圹内制作碑形墓志。

但令人困惑的是,以上关于魏晋"碑禁"的论点实际上主要来自对"从厚葬到薄葬"和"墓志的起源"这样两大学术课题的探讨,而"碑禁"本身的原理,及其与魏晋时期仍然存在的大量石碑实例之间的关系,却并没有得到充分的正面考察。换言之,表现为"碑禁"的魏晋时期的石碑文化,其整体面貌与内在性格究竟如何,仍有不小的讨论空间。下面先从两则与石碑相关的故事切入，揭示魏晋时人的石碑认识，继而返观所谓“碑禁”的理念。

曹植毁碑

先来看曹植毁碑的故事。此事不见于《三国志·魏书·曹植传》，仅在《北堂书钞》所引《会稽典录》中有记载残留：

> 魏曹植为东阿王，东阿先有三十碑，铭多非实，植皆毁除之，以(虞)歆碑不虚独全焉。〔2〕

曹植封东阿王的时间在魏明帝太和三年(229)，时年三十八岁。其后他在这里一直待到太和六年(232)二月改封陈王〔3〕。据上引文字，在此期间，他曾对当地的三十方石碑进行过大规模的“毁除”行动，而独留下一方虞歆碑。不过毁碑行动的具体时间就不得而知了。

东阿曹植墓出土陶耳杯

东阿曹植墓出土石璧

如所周知，曹植一生曾多次徙封。如《迁都赋序》所言，“余初封平原，转出临淄，中命鄄城，遂徙雍丘，改邑浚仪，而末将适于东阿”。与曹魏尤其是明帝时期的宗室政策有关，曹植的徙封传统上给人们的印象是比较落魄和悲惨的，他自己也喜欢渲染这一点，类似“号则六易，居实三迁。连遇瘠土，衣食不继”云云[4]的抱怨常见于晚年作品。但这种所谓的“落魄”，很大程度上来源于人们对才华过人的曹植在继承人之争中败于曹丕的惋惜，以及由此带来的落差感。整体而言，他毫无疑问是当时集政治权贵与文化精英于一身的“人上人”。

上引《会稽典录》记载的“曹植毁碑”故事提示我们，曹植在东阿期间除了抱怨自己怀才不遇、境况悲惨之外，还有作为政治精英进行文化革新的激进面向。这一面向在曹植的其他作品中也时有所见。如黄初三年(222)在鄄城拆除当地的“汉武帝殿”时，作《毁鄄城故殿令》，结尾即言：

> 况汉氏绝业，大魏龙兴，只人尺土，非复汉有。是以咸阳则魏之西都，伊洛为魏之东京，故夷朱雀而树阊阖，平德阳而建泰极，况下县腐殿，为狐狸之窟藏者乎？今将撤坏，以修殿舍，恐无知之人，坐自生疑，故为此令，亦足以反惑而解迷焉！

在曹植这里，汉魏禅代不是单纯的易姓更替，更具有强烈的文化革新意义，对宫殿的再造就是其中的一个重要方面。他强调这一革新再造不仅表现在中央层面的“夷朱雀（门）而树阊阖（门），平德阳（殿）而建泰极（殿）”，在鄄城这样的“下县”地方也有展开的必要。作为文化革新的一部分，曹植在东阿开展“毁碑”行动大概也有着同样的心境和动力。其实类似的行动也见于其兄魏文帝曹丕一方，规模更大。《水经注》载洛阳天渊池中“有魏文帝九华台，殿基悉是洛中故碑累之”[5]。为了新宫殿设施的建设需要，曹丕直接将洛阳一带的众多汉碑——数量一定远超东阿的三十方——用作奠基石材了，生动展示了“汉魏革命”在物质性层面和文化性层面的同步展开。

从曹丕、曹植的例子可以看出，曹魏时期以二者为代表的政治权贵/文化精英，对东汉的石碑文化具有相当程度的否定倾向，典型表现就是对汉碑本身的物质性消灭，或予“毁除”，或作他用。有趣的是，魏晋墓葬中颇有发现东汉石碑残构的例子[6]。1984 年偃师杏园西晋墓 M34 中出土残碑六块，有“河东陈巳”“辽西朱生”“弘农赵□”等五人题名，可能来自东汉时期所立墓碑或颂德碑，后被打碎弃置在前、后室填土中[7]。1993年偃师火神凹西晋墓M51中所出东汉张禹残碑，系“用残碑直立紧靠在小砖拱券的甬道门口”以为内侧封门；碑额仅余一篆书残字，全碑缺损六十余字，“表面粗糙，凿剁痕迹明显”，当为有意破坏后用为墓室石料[8]。2000年四川芦山所出建安十三年(208)赵仪残碑，则是“被凿成三块，作为城墙的建筑石料”[9]。这些魏晋时期对东汉石碑进行毁除、挪作他用的实例，都可以与前述“曹植毁碑”故事中所表现出的魏晋精英对东汉石碑文化的否定倾向相对应。

不过，这并不能囊括上述“曹植毁碑”故事所要传达的全部信息。需要注意的是，在这个故事中，曹植并未将东阿当地的三十方汉碑全部毁除，而是单单留下了一方虞歆碑；并记载毁碑的原因是这些石碑“铭多非实”，独存虞歆碑则是因为其碑文“不虚”。这可以说明两个相互关联的问题。

第一，曹植虽然以毁除行动表达了对东汉石碑文化的否定态度，但并未否定“石碑”本身。东汉石碑文化中以人为主体的主要类型包括墓碑和颂德碑。前者立于碑主家乡墓园，后者立于碑主任官地方。虞歆为会稽人，东阿当地的虞歆碑显然是颂德碑。曹植对虞歆碑的保留显示，他仍然认为这是一种值得重视和发扬的纪念装置。曹植本人还参与过黄初二年(221)立于鲁国的“孔子庙碑”的碑文撰写[10]，也可以旁证以他和曹丕为代表的曹魏精英对石碑本身的肯定态度。

第二，曹植对石碑毁除与否的标准是“非实”/“不虚”，即碑文内容需要与碑主品行相符。其实曹植未必对东阿当地三十方石碑之碑主的生平行迹都有所了解，能够对比碑文做出公正的判断。这种修辞对应的事实很可能是在这三十位碑主中，曹植仅知道虞歆之名，其他人在他眼中均为无名之辈，或者不够有名。换言之，这种修辞实质反映的是对碑主的人物评价高低。曹植在雍丘时还作有《郦生颂》，显示他对汉初名臣郦食其评价甚高，其序云“余道经郦生之墓，聊驻马，书此文于其碑侧”〔11〕，显然也没有毁除其碑。存碑乃至立碑与人物评价结果呈现正相关关系。

实际上，《北堂书钞》引自《会稽典录》的这条材料，在“曹植毁碑”故事之前，还有一句关键的文字：“虞歆，字文肃，历郡守，节操高厉。”说明整段文字叙述的主要对象并不是曹植，而是虞歆。《会稽典录》的作者虞预是东晋会稽虞氏的代表人物，也是吴地的文化精英〔12〕。他在书中记载曹植当年在东阿毁二十九碑而独存虞歆碑，其具体情节的可靠性值得怀疑（例如曹植毁碑的数量是否有如此之多，是否真的只留存了一方虞歆碑），但借曹植之“手”——毁碑、存碑，和曹植之“口”——人物评价，来颂扬自身先祖的意图还是非常明显的。由此折射出东晋时人对魏晋石碑文化的认识：石碑是一种正面的高端纪念装置；只有少数获得高度评价的精英人士，方才享有立碑资格。

蔡邕撰碑

再来看蔡邕撰碑的故事。这里所说的“撰碑”，是指蔡邕为东汉后期名士郭泰撰碑。范晔《后汉书》卷六八《郭太传》载：

> 明年春，卒于家，时年四十二。四方之士千余人，皆来会葬。同志者乃共刻石立碑，蔡邕为其文，既而谓涿郡卢植曰：“吾为碑铭多矣，皆有惭德，唯郭有道无愧色耳。”

与前节的“曹植毁碑”相比，这一故事的知名度之高，可谓众所周知了，甚至在中古时期就已经完成了经典化〔13〕。除了郭泰的具体去世时间有建宁二年(169)和建宁四年(171)的争议之外〔14〕，似乎未见有学者提出过疑议。

不妨先来观察《后汉书·郭太传》所见“蔡邕撰碑”故事的情节构成。虽然只有短短的六十余字，仍然可以区分为如下四个部分：

(1) 郭泰去世。

(2) 四方之士会葬。

(3) 会葬者为郭泰立碑，蔡邕撰写碑文。

(4) 蔡邕撰碑文后，谓卢植曰云云。

四个情节构成之中,1—3 的真实性是毋庸置疑的。蔡邕为郭泰所撰碑文即著名的《郭有道碑》,早成经典,《文选》和《艺文类聚》中都有完秩存留。其中碑文结尾云:

> 凡我四方同好之人,永怀哀悼,靡所冀念,乃相与推先生之德,以图不朽之事。佥以为先民既没,而德音犹存者,亦赖之于见述也,今其如何而阙斯礼?于是建碑表墓,昭铭景行,俾芳烈奋乎百世,令问显乎无穷。〔15〕

这里的"四方同好之人,永怀哀悼,……于是建碑表墓,昭铭景行"云云,显然构成了《后汉书·郭太传》所见"四方之士千余人,皆来会葬。同志者乃共刻石立碑"在叙述上的母本,也可以反证后者的真实性。

与此相对,情节 4 因为发生于碑文撰写完成之后,其真实性并不能由碑文本身得到保证,还需要更多层面的辨析。

首先可以肯定的是,类似情节 4 的文本叙述,在范晔《后汉书·郭太传》之前就已经出现了。如下表所示:

表 1

《太平御览》引《郭子别传》〔16〕	《世说新语》刘孝标注引《续汉书》〔17〕
林宗秀立高跱,澹然渊渟。蔡伯喈告卢子幹、马日磾曰:"为天下作碑铭多矣,未尝不有惭色,唯郭先生碑颂,无愧色耳。"	郭泰字林宗,太原介休人。……李元礼一见称之曰:"吾见士多矣,无如林宗者也。"及卒,蔡伯喈为作碑,曰:"吾为人作铭,未尝不有惭容,唯为郭有道碑颂无愧耳。"

《续汉书》为西晋司马彪所著纪传体王朝史作品。从《世说》注所引文看，当出自其中的《郭泰传》。《郭子别传》则是东汉末至魏晋时期出现的多种“郭泰别传”之一[18]。两则材料所载蔡邕之言，修辞结构与核心意涵高度一致，显示二者存在同源关系。但具体文字上仍有不容忽视的差异存在。其一，《续汉书》未言及蔡邕诉说对象，《郭子别传》则明确记为卢植和马日磾。其二，蔡邕之言的开头，《续汉书》云“吾为人作铭”，《郭子别传》则云“为天下作碑铭多矣”，后者较前者修饰感更强。这两个差异都暗示《续汉书》所载或许更为原始。

这一材料还存在另外一个版本。《太平广记》卷一六九引《世说》曰：

> 郭泰秀立高峙，澹然渊停。九州之士，悉懔懔宗仰，以为覆盖。蔡伯喈告卢子幹、马日磾曰：“吾为天下作碑铭多矣，未尝不有惭，唯为郭先生碑颂无愧色耳。”[19]

《广记》虽然号称“出《世说》”，结构和文字却都与上引《郭子别传》更为接近，唯中间多出一句“九州之士，悉懔懔宗仰，以为覆盖”。余嘉锡怀疑《广记》所引即是上引刘孝标注引《续汉书》，“其详略不同者，今本已为宋人所刊削故也”[20]。但如“郭泰秀立高峙，澹然渊停”云云并不似史体，或确为《世说新语》而非《续汉书》佚文，只是源头上仍要追溯至《郭子别传》。

从以上分析来看,《世说新语》刘孝标注引《续汉书》的上引文字,是情节 4 目前可以追溯到的最早版本。在因袭这个早期版本的基础上,《郭子别传》进一步添加了一些修饰要素,特别标明了蔡邕的诉说对象〔21〕,并以“天下”的措辞渲染郭泰之杰出,极大强化了叙述效果。其后陆续发展出《世说新语》、范晔《后汉书·郭太传》乃至《水经注》〔22〕所见的多种版本。不过自始至终,这一情节的修辞结构与核心意涵都保持了高度稳定,非常容易辨识。

问题在于,即使是最早的西晋司马彪所著《续汉书》,距离郭泰去世、蔡邕撰写碑文的东汉灵帝初年,也已经过了百年以上。其间郭泰相关的文本面貌与历史形象并非一成不变。范晔在撰写《后汉书·郭太传》时曾感慨“其奖拔士人,皆如所鉴。后之好事,或附益增张,故多华辞不经,又类卜相之书。今录其章章效于事者,著之篇末”。实际上为“后之好事”者所“附益增张”的,岂止于郭泰的“奖拔士人”事迹〔23〕。如安部聪一郎的经典研究所揭示的那样,通过比较蔡邕《郭有道碑》、皇甫谧《高士传》、葛洪《抱朴子》、袁宏《后汉纪》和范晔《后汉书》这五种代表性文本,可以发现自东汉后期经魏晋至于南朝初年,郭泰的代表事迹和历史形象发生了引人注目的变化:从隐居不仕、教化地方的“隐逸”,到周游交际、有识人之才的“通人”,终成人物识鉴能力堪比尧、舜、孔子的“圣人”〔24〕。而上引《续汉书》文字先借党锢名臣李膺之口言“吾见士多矣，无如林宗者也”，又借汉碑名家蔡邕之口言“吾为人作铭，未尝不有惭容，唯为郭有道碑颂无愧耳”，对郭泰的评价基调显然更近于魏晋以降的“通人”“圣人”形象，而非蔡邕撰作的同时代作品《郭有道碑》中的“隐逸”。

还应该考虑到蔡邕此言的舆论影响。蔡邕声称“吾为人作铭，未尝不有惭容，唯为郭有道碑颂无愧耳”，即“在我撰写过的所有碑铭中，只有郭泰配得上其中的颂扬之辞”。这种表达方式固然具有让人过目难忘的语言魅力和书写效果，但某种程度上是以贬损蔡邕所撰其他碑主的形式来实现对郭泰的高度评价。仔细考量，若蔡邕果真在“四方之士千余人，皆来会葬”的场合以碑文作者身份讲出这么一句，对他的人际关系而言不啻于一场灾难性的“社交事故”。这既是对他之前所撰碑主及其家族亲故的侮辱，也会断绝之后其他人委托他撰作碑文的机会，可以说是一句极其莽撞的非常识性发言。事实上，从蔡邕现存作品的编年来看，无论《郭有道碑》作于建宁二年(169)还是建宁四年(171)，在此前后蔡邕都撰作了为数众多的碑文作品[25]。其中固然有一些敷衍之作，但也有为周勰、朱穆、杨秉这些一流精英所作者，他们在当时的名声地位未必输于郭泰。另外就是为其恩师胡广及其家人所作的诸多碑文。在《郭有道碑》之前，有先后为胡广的少子、母亲、孙子和妻子所作四通碑文，之后又有为胡广本人所作四通碑文。显然蔡邕本人这边并没有出现脱离正常的人际网络而一意褒扬郭泰的任何迹象。

因此，我们倾向于认为，所谓“蔡邕撰碑”故事，并非东汉时事，而是魏晋时人在“附益增张”郭泰事迹时，借蔡邕之口表达自身时代的石碑认识，同时也批判了东汉后期的石碑文化和士林风气。

“碑禁”的理念

若将前文讨论的“曹植毁碑”故事和“蔡邕撰碑”故事并观，不难发现它们具有相当一致的精神构造。

表2

“曹植毁碑”故事（据《会稽典录》）	“蔡邕撰碑”故事（据《续汉书》）
魏曹植为东阿王，东阿先有三十碑，铭多非实，植皆毁除之，以（虞）歆碑不虚独全焉。	及（郭泰）卒，蔡伯喈为作碑，曰：“吾为人作铭，未尝不有惭容，唯为郭有道碑颂无愧耳。”

如上表所示，两则故事的核心意涵一为颂扬虞歆，一为颂扬郭泰，而所采用的修辞技艺则相当一致，即通过否定“多数他者”来达到肯定“少数精英”的目的。第一个故事中的“多数他者”对应的是被曹植毁除的东阿当地廿九方东汉石碑，及其背后的廿九位碑主；第二个故事中的“多数他者”对应的是蔡邕撰作的郭泰碑以外的其他东汉石碑，及其背后的碑主。所谓“非实”“不虚”“惭容”“无愧”，这些关键词的指向也是一致的，即立碑与人物评价存在互为表里的关系。这里

我们看到了对于东汉后期石碑文化(滥立)和士风(滥评)的二重否定,但是看不到对于石碑本身的否定。毋宁说反而认可石碑为一“重器”,不可轻易予人。

这样的精神构造,与“碑禁”的理念若合符契。中古时期所谓“碑禁”或者“禁碑”,并不能简单地理解为“禁止立碑”。《宋书》卷一五《礼志二》载东晋时期碑禁废弛,直到刘裕秉政的义熙年间(405—418),“尚书祠部郎中裴松之又议禁断,于是至今”。幸运的是,《宋书》卷六四《裴松之传》收录了他当时所上的这份《议禁断表》,让我们得以确切了解所谓“碑禁”的真实意涵:

> 碑铭之作,以明示后昆,自非殊功异德,无以允应兹典。大者道勋光远,世所宗推;其次节行高妙,遗烈可纪。若乃亮采登庸,绩用显著,敷化所莅,惠训融远,述咏所寄,有赖镌勒,非斯族也,则几乎僭黩矣。

裴氏上表开篇即对“碑铭之作”给予了正面定位,认为这是一种只有少数“殊功”者和“异德”者即王朝精英才能匹配的高端礼遇。而一般臣民立碑的话,必定“几乎僭黩”。这与上述“曹植毁碑”故事和“蔡邕撰碑”故事所见通过否定“多数他者”来肯定“少数精英”的修辞技艺完全一致。在这一基调之下,裴氏又言:

俗敝伪兴，华烦已久，是以孔悝之铭，行是人非；蔡邕制文，每有愧色。而自时厥后，其流弥多，预有臣吏，必为建立，勒铭寡取信之实，刊石成虚伪之常，真假相蒙，殆使合美者不贵，但论其功费，又不可称。不加禁裁，其敝无已。以为诸欲立碑者，宜悉令言上，为朝议所许，然后听之。庶可以防遏无征，显彰茂实，使百世之下，知其不虚，则义信于仰止，道孚于来叶。

裴氏在此细数了包括东汉和东晋两个时代在内的石碑泛滥风气的弊端。其中若干措辞的使用，如“虚伪”“真假”“无征”“茂实”等，与上述两则故事声气相通，显系同一种意识形态的表达。“使百世之下，知其不虚”的表述近乎“曹植毁碑”故事中“以(虞)歆碑不虚独全焉”的翻版，遑论“蔡邕制文，每有愧色”这一句对“蔡邕撰碑”故事的直接引用。这样两个故事，人物不同，情节各异，但就其中充溢的石碑认识而言，可以说都是“碑禁”不折不扣的“精神镜像”。

由此，我们对魏晋“碑禁”，就得到了与开篇所见“通说”相当不同的认识。“碑禁”不等于禁止所有人立碑，而是大幅提升了立碑的适用标准。“碑禁”也不是对石碑本身的否定和消灭，反而是认可石碑作为一种纪念装置的价值，将其重器化、精英化。

行文至此，读者或有疑问。魏晋是公认的“薄葬”时代[26]，石碑作为汉代“厚葬”文化的代表，为何在这一时代地位不降反升？这就需要对魏晋时代石碑与“薄葬”的关系作进一步辨析。

不妨先来观察魏晋时期“薄葬”的所指。《宋书》卷一五《礼志二》对魏晋皇帝（包括曹操、司马懿、司马师这样的“准皇帝”）所颁《终令》《终制》有所记载。其要点可总结为在地上设施方面，主张利用天然地形营造墓葬，反对各种耗费人力的人工建筑，即如魏文帝黄初三年（222）十月甲子《终制》所言，“寿陵因山为体，无为封树，无立寝殿、造园邑、通神道”[27]，在内部陪葬方面，主张“敛以时服，不设明器”[28]，反对各种耗费财力的随葬品，包括明器和贵金属等。晋武帝所谓“祖考清简之旨”[29]，可谓是对魏晋皇帝葬制“薄葬”特征的准确概括。这一特征在近年魏晋帝陵考古工作的进展和研究中也得了更为确凿的印证。这种“清简之旨”在魏晋皇帝所颁《终制》中多以“不”“无”等否定性措辞表达出来，所针对的正是汉代的“厚葬”传统。在皇室以外，魏晋时期亦多见以《遗令》命家人薄葬者，其内容多与前述《终制》类似[30]，显见“薄葬”乃是魏晋精英共享的时代理念的一部分。

问题在于，这些以“薄葬”为宗旨的魏晋《终制》《遗令》中，都并未包含“不得立碑”的内容。相反，在“薄葬”的同时亦行立碑的例子时有所见。在一些魏晋碑文中还能看到对“薄葬”的重点记述。如《古文苑》卷十七载闻人牟准《魏敬侯碑阴文》：

> 敬侯所葬之先域，城惟解梁，地即邻首。山对灵足，谷当猗口。势高而趣幽，形垣而背阜。凿室而可以蔽藏，不坟而所冀速朽。珍琦素白而靡尚，衣服随时而则有。故吏述德于隧前，门生纪言于碑后。白季居亭而已治，詹嘉在主而可友。处高摅之厚地，将秭亿而永久。[31]

魏敬侯即卫觊，卒于魏明帝太和三年（229）[32]。“故吏述德于隧前，门生纪言于碑后”，显示立碑者为其门生、故吏。此碑当是卫觊卒后立于河东安邑卫氏墓地附近。碑文辞句与前引诸《终制》《遗令》多有对应，如“处高摅之厚地”同于“因高为基”，“凿室而可以蔽藏，不坟而所冀速朽”同于“不封不树”，“珍琦素白而靡尚，衣服随时而则有”同于“敛以时服”，正是“清简之旨”的明晰表述。

又如清代出于洛阳的《王基断碑》：

> 公天资高素，与/（上阙）亡则令俭，殓以时服。于是/（上阙）将矩奉册追位司空。赠以东武侯蜜印绶。送以轻车，不/（上阙）泰山之速颓，恨元勋之未遂。俯仰哀叹，永怀惨悴。以为/（上阙）芾。镌石表墓，光示来裔。其辞曰云云。[33]

王基断碑拓片

王基卒于景元二年(261)[34]。此碑出土时已残,故碑文不全。但“亡则令俭,殓以时服”云云,当是来自王基“遗令”的内容。在“镌石表墓,光示来裔”的碑文中记载以“薄葬”为宗旨的“遗令”,与上引卫觊碑的表现一致。这些文辞在碑文中作为碑主之德被公开赞颂,显示在时人眼中立碑与“薄葬”并行不悖。《宋书》卷十五《礼志二》虽将碑铭与石室、石兽一起列为东汉“送死奢靡”的典型表现，但其后先言建安十年(205)曹操“下令不得厚葬”，再言“又禁立碑”，既是一种史实的陈述，也暗示两种禁令的背后各有不同的理念支撑，并不能似是而非地混为一谈。

那么，若“碑禁”并非针对“厚葬”而发，其对象又为何？其实《宋书・礼志》所载晋武帝咸宁四年诏书已把碑禁的对象表达得相当清楚了，即“私褒美，兴长虚伪，伤财害人”。这里与厚葬有共通之处的“伤财害人”只是排在第三位的理由，立碑真正的问题在于“私褒美”，即独立于王朝权力之外的人物评价。《宋书・礼志》在其后叙述东晋至刘宋碑禁的反复时即言：

> 至元帝太兴元年，有司奏：“故骠骑府主簿故恩营葬旧君顾荣，求立碑。”诏特听立。自是后，禁又渐颓。大臣长吏，人皆私立。义熙中，尚书祠部郎中裴松之又议禁断，于是至今。

无论是东晋成立后的“禁又渐颓”，还是东晋末义熙年间的“又议禁断”，都是相对“大臣长吏，人皆私立”的情形而言的。这里未出现与“厚葬”相关的措辞，而是与咸宁四年诏书一样，将禁止立碑的理由归之于“私立”的不正当性。《宋书・裴松之传》言“松之以世立私碑，有乖事实，上表陈之曰”云云，是一种非常准确的概括。据前引义熙中裴松之“议禁断”表文，他提出的解决方案是“悉令言上，为朝议所许，然后听之”，即将立碑的权力从民间收归中央，由朝廷负责审议是否符合立碑条件。曹魏正始年间桓范在《世要论·铭诔》中针对东汉后期“门生故吏，合集财货，刊石纪功，称述勋德”的滥立石碑风气，指出“赏生以爵禄，荣死以诔谥，是人主权柄”[35]，他对“碑禁”的理解与裴松之是高度一致的。

综上，魏晋“碑禁”针对的对象并非主要由血缘性丧家主导的“厚葬”，而是“私立”，即门生、故吏这样的非血缘性政治团体不经朝廷批准擅自立碑。碑禁并非“薄葬”措施的组成部分，二者为并列关系，均为魏晋精英时代理念的体现。

与薄葬一样，碑禁得以推行和维持的动力绝非仅来自魏晋帝室的个人好恶，而是在统治精英中有着强有力的理念支持。学者指出“东汉以来呈风起云涌之势的私人立碑确实是人物品评风气的产物”[36]，是为的论。而在碑禁的推动者看来，以碑铭这种高级纪念装置来表彰死者的权力，在君主而非臣子，在王朝而非民间，在“公”而非“私”。“碑禁”的出现，应视为清流士人在汉魏之际掌握政治主导权之后，在皇帝权力结构的重构过程中，将自身所秉持的精英文化提升至王权层面进行再创造的结果。在这一意义上，“碑禁”与“九品中正制”的时代意义可作等量齐观。

本文2022年10月21日曾以线上讲座形式报告于“浙江大学支遁人文讲座”第21讲。详参拙文《“碑禁”与曹魏西晋的石碑文化》(《文史》2022年第3期)。

注释

〔1〕代表性论述如赵超:《中国古代石刻概论》,北京:文物出版社,1997 年,第 41 页;赵超:《古代墓志通论》,北京:紫禁城出版社,2003 年,第 49 页;杨泓:《谈中国汉唐之间葬俗的变化》,《文物》1999 年第 10 期,第 64 页;罗宗真:《魏晋南北朝考古》,北京:文物出版社,2001 年,第 150 页;毛远明:《碑刻文献学通论》,北京:中华书局,2009 年,第 109—110 页;永田英正撰、周长山译:《汉代石刻概说(下)》,《文物春秋》2002 年第 6 期,第 73 页;王静芬撰、毛秋瑾译:《中国石碑:一种象征形式在佛教传入之前与之后的运用》,北京:商务印书馆,2011 年,第 63 页。

〔2〕《北堂书钞》卷一〇二《艺文部八·碑》"文肃不虚"条,影印孔氏三十三万卷堂影宋本,北京:中国书店,1989 年,第 390 页下栏。

〔3〕赵幼文:《曹植集校注·附录·曹植年谱》,北京:中华书局,2016 年,第 841—843 页。

〔4〕赵幼文:《曹植集校注·迁都赋序》,第 586 页。

〔5〕郦道元撰,杨守敬、熊会贞疏,段熙仲点校:《水经注疏》卷一六《谷水》,南京:江苏古籍出版社,1989 年,第 1391 页。

〔6〕巫鸿讨论过魏晋时期"毁祠造墓"的现象。参见巫鸿:《从"庙"至"墓"——中国古代宗教美术发展中的一个关键问题》,氏著,郑岩编:《超越大限——巫鸿美术史文集卷二》,上海:上海人民出版社,2018 年,第 29—30 页;巫鸿:《汉明、魏文的礼制改革与汉代画像艺术之盛衰》,《超越大限——巫鸿美术史文集卷二》,第 52—60 页。

〔7〕中国社会科学院考古研究所河南第二工作队:《河南偃师杏园村的两座魏晋墓》,《考古》1985 年第 8 期。发掘者认为此残碑为西晋墓志碑,系为盗墓者破坏后弃置,与本文所见不同。

〔8〕赵振华、王竹林：《〈张禹碑〉与东汉皇陵》，《湖南科技学院学报》2006年第4期。

〔9〕郭凤武：《芦山出土〈赵仪碑〉考释》，《中国文化论坛》2015年第8期。

〔10〕赵幼文：《曹植集校注·制命宗圣侯孔羡奉家祀碑》，第337—350页。

〔11〕赵幼文：《曹植集校注·郦生颂序》，第382页。

〔12〕《晋书》卷八二《虞预传》：“著《晋书》四十余卷、《会稽典录》二十篇、《诸虞传》十二篇，皆行于世。”第2147页。

〔13〕如《宋书》卷六四《裴松之传》载其义熙中上表曰：“俗敝伪兴，华烦已久，是以孔悝之铭，行是人非；蔡邕制文，每有愧色。”第1699页。

〔14〕参见邓安生编：《蔡邕集编年校注·附录·蔡邕年谱》，石家庄：河北教育出版社，1999年，第598—599页。

〔15〕邓安生编：《蔡邕集编年校注·郭有道林宗碑》，第142页。

〔16〕《太平御览》卷三八八《人事部二九·色》，第142页。

〔17〕杨勇：《世说新语校笺·德行第　》，北京：中华书局，2006年，第4页。

〔18〕参见熊明：《汉魏六朝杂传集》，北京：中华书局，2017年，第79—97页。不过作者认为《郭林宗别传》《郭泰别传》和《郭子别传》“当是各不相属的郭泰传记”，似有讨论空间。关于中古时期的“别传”，参见永田拓治：《汉晋时期流行的别传——“正”与“别”》，《中国学术》第38辑，2017年。

〔19〕《太平广记》，北京：中华书局，2006年，第1229页。

〔20〕余嘉锡：《世说新语笺疏·德行第一》，北京：中华书局，2007年，第5—6页。

〔21〕之所以将诉说对象记为卢植、马日磾二人，可能是因此二人曾与蔡邕一起“并在东观”的经历。《后汉书》卷六四《卢植传》载：“岁余，复征拜议郎，与谏议大夫马日磾、议郎蔡邕、杨彪、

韩说等并在东观,校中书五经记传,补续汉记。”第2117页。

〔22〕郦道元撰,陈桥驿校证:《水经注校证》卷六《汾水》,北京:中华书局,2007年,第160页。

〔23〕又如范晔《后汉书·郭太传》记郭泰早年“给事县廷”,且自言为“斗筲之役”,遂辞而就学。这一事迹不见于蔡邕撰《郭有道碑》,目前可以确认的最早来源是西晋时皇甫谧所作《高士传》,或为魏晋以降“士、吏之别”的加速建构所导致的文本歧变。参见徐冲:《范晔〈后汉书〉冯良事迹成立小论》,收入拙著《观书辨音:历史书写与魏晋精英的政治文化》,第101—102页。

〔24〕安部聡一郎:《『後漢書』郭太列伝の構成過程——人物批評家としての郭泰像の成立》,《金沢大学文学部論叢》(史学·考古学·地理学篇)第28号,2008年;同氏:《隐逸、逸民式人士与魏晋时期的国家》,黄桢译,《中国中古史研究:中国中古史青年学者联谊会会刊》第3卷,北京:中华书局,2013年。

〔25〕参见邓安生编:《蔡邕集编年校注》。

〔26〕参见魏鸣:《魏晋薄葬考论》,《南京大学学报(哲学·人文科学·社会科学)》1986年第4期,第133—143页;杨泓:《谈中国汉唐之间葬俗的变化》,第60—68页;李梅田:《曹魏薄葬考》,《中原文物》2010年第4期,第17—20、69页;齐东方:《中国古代丧葬中的晋制》,《考古学报》2015年第3期,第345—366页;刘振东:《冥界的秩序——中国古代墓葬制度概论》,北京:文物出版社,2015年,第171—221页;耿朔:《“于襄阳致之”:中古陵墓石刻传播路线之一瞥》,收入氏著《层累的图像:拼砌砖画与南朝艺术》,北京:人民美术出版社,2020年。

〔27〕《三国志》卷一《魏书·文帝纪》,第81页。标点有调整。

〔28〕《宋书》卷一五《礼志二》,第437页。

〔29〕《宋书》卷一五《礼志二》,第438页。

〔30〕参见杨泓:《谈中国汉唐之间葬俗的演变》,第62—63页。

〔31〕章樵注《古文苑》,《丛书集成初编》本,上海:商务印书馆,1936年,第393—394页。

〔32〕参见曹道衡、沈玉成:《中古文学史料丛考》,北京:中华书局,2003年,第32页。

〔33〕毛远明校注:《汉魏六朝碑刻校注》,北京:线装书局,2008年,第2册,第211—213页。

〔34〕《三国志》卷二七《魏书·王基传》,第756页。

〔35〕魏徵等撰:《群书治要》,东京大学东洋文化研究所藏元和二年铜活字印本骏河版,第34b—35a叶。《全上古秦汉三国六朝文》亦收录,严可均案语指出此书有《世要论》《政要论》等多种异名(第1258页)。

〔36〕胡宝国:《杂传与人物品评》,氏著《汉唐间史学的发展》(修订本),第137页。

赫连夏历史地位的再思考

前　言

在西晋的短暂统一之后，从 4 世纪初到 5 世纪前叶，中国北方经历了百年以上的混乱时期。王朝更迭频繁，割据政权林立，更为重要的是，大量异民族活跃其间，构成了诸多政权统治阶层的主体。这段时期一般被称为“五胡十六国”，与西晋流亡精英在长江流域建立的东晋一起，共同构成了连接西晋与南北朝之间的历史阶段。

“五胡十六国”时期的诸政权，可以简单地区分为两种类型。一类稳定据有华北地区汉晋以来的腹心地带（以关中平原与河北平原为代表）。与此相应，其统治者自称“皇帝”/“天子”，在法统上以接续之前的西晋王朝为己任，同时对南方的建康东晋政权保持敌对态度。这类政权可称之为“天下国家”[1]，包括汉/前赵、后赵、前秦、前燕、后秦、后燕。与此相对，一类只是割据于汉晋以来腹心地带以外的边缘区。其统治者或者没有称帝的野心，接受上述“天下国家”或者东晋的册封;或者虽然称帝,但不曾据有中原腹心。这类政权可称之为“边缘政权”,包括成汉、“诸凉”、西秦、西燕、南燕、北燕等。

表1 十六国兴亡表(附冉魏、西燕)[2]

国名	创建人	民族	公元年代	灭于何国
汉、前赵	刘渊	匈奴	304—329	后赵
成汉	李雄	巴、氐	304—347	东晋
前凉	张寔	汉	317—376	前秦
后赵	石勒	羯	319—351	冉魏
冉魏	冉闵	汉	350—352	前燕
前燕	慕容皝	鲜卑	337—370	前秦
前秦	苻洪	氐	350—394	后秦
后秦	姚苌	羌	384—417	东晋
后燕	慕容垂	鲜卑	384—407	北燕
西燕	慕容泓	鲜卑	384—394	后燕
西秦	乞伏国仁	鲜卑	385—431	夏
后凉	吕光	氐	386—403	后秦
南凉	秃发乌孤	鲜卑	397—414	西秦
南燕	慕容德	鲜卑	398—410	东晋
西凉	李暠	汉	400—421	北凉
夏	赫连勃勃	匈奴	407—431	吐谷浑
北燕	冯跋	汉	407—436	北魏
北凉	沮渠蒙逊	匈奴	397—439	北魏

按照这一分类标准，赫连勃勃所建立的“大夏”虽然也被置于“五胡十六国”之中，但显得有些异类。一方面，赫连夏立国朔方（今内蒙古自治区鄂尔多斯地区），同时兼有关中地区（今陕西省）达十年之久。勃勃先称大夏天王、大单于，自东晋手中夺取长安后即称皇帝。又命统万城四门，东曰“招魏”，南曰“朝宋”，西曰“服凉”，北曰“平朔”[3]。显然自我定位也是继承汉晋法统的“天下国家”。然而赫连夏的历史地位却远不及前述五胡十六国中的诸“天下国家”，“暴君”赫连勃勃更是与失败的夏国一起，被后世铭记为这一时代的负面典型[4]。

赫连夏难以按照“五胡十六国”的传统理解进行归类，恰恰暴露出了以上传统理解存在问题。而问题的根源，实际上在于同样也难以按照以上分类标准进行归类的北魏。本文试图通过重新梳理铁弗部与赫连夏的历史，特别是其与拓跋部和北魏历史的纠缠和比较，对从“五胡十六国”到“北朝”的历史脉络进行再把握。

“五胡”与“十六国”

以拓跋部为核心建立的北魏，一般被认为是“五胡十六国”时代的终结者。这在一定程度上是一个确定的历史事实。自道武帝拓跋珪于386年建国后，北魏在数十年时间里先后攻灭后燕、赫连夏、北燕、北凉等政权，完成了华北统一并成功维持了近百年，结束了西晋永嘉之乱以来中国北方长期的混乱局面。所谓“北朝”的概念，也是从北魏开始算起的，正与刘宋取代东晋进入“南朝”时代相对应[5]。

不过值得注意的是，“五胡”和“十六国”作为一种历史观念，包含着对于指称对象的否定。宋元以降的主流理解，将“五胡”理解为匈奴、羯、鲜卑、氐、羌“五族”，即永嘉之乱后至北魏统一在华北先后登场的五种主要族群[6]。最新研究则认为“五胡”并非指代五个具体族别，而是指在华北依次而起的五个“胡人”王朝，即由胡（指羯人）、鲜卑、氐、羌四族先后建立的石氏后赵、慕容氏前燕、苻氏前秦、慕容氏后燕＋南燕、姚氏后秦，大致与前述分类中的“天下国家”对应；这一称谓出自晋宋之际的建康精英，暗示“五胡”气数将尽，新的王者即将崛起并重返华北[7]。尽管远未定案，但正如“五胡乱华”之语所示，在汉晋以降的语境中，“胡”是与“华”相对的带有负面色彩的称呼，意味着非正统。尽管以上“天下国家”都以继承汉晋正统为自我标榜，但“五胡”的称呼意味着对他们的这一自我定位的否定。

“十六国”也是如此。这一称呼来自北魏崔鸿所撰《十六国春秋》一书，时在5世纪末自平城迁都洛阳之后。《魏书》卷六七《崔光传附崔鸿传》言其著述因缘曰：

（崔）鸿弱冠便有著述之志，见晋魏前史皆成一家，无所措意。以刘渊、石勒、慕容儁、苻健、慕容垂、姚苌、

> 慕容德、赫连屈子、张轨、李雄、吕光、乞伏国仁、秃发乌孤、李暠、沮渠蒙逊、冯跋等，并因世故，跨僭一方，各有国书，未有统一，鸿乃撰为《十六国春秋》，勒成百卷，因其旧记，时有增损褒贬焉。

学者一般将这里的“国书”/“旧记”理解为十六国政权的“官修史”，主要基础即其各自所修撰的“国史”[8]。既为“国史”，可以想象其中诸“天下国家”的自我定位也是领有天下的“王朝”。但崔鸿使用“十六国”这一称呼，显然是在书法上否定了他们的自我定位，而将其贬斥至与前述“边缘政权”一起构成“十六‘国’”的地步。

虽然并不明了北魏在国家层面是否使用“十六国”的概念，但可以从《魏书》的结构中一窥北魏对五胡国家的态度。魏收所修《魏书》成于北齐，而其基础是北魏在迁都洛阳之后所撰的纪传体国史。其中五胡国家的列传被集中置于卷九五和卷九九两卷。夹在其间的，则是《僭晋司马叡》《岛夷刘裕》等与北魏敌对的东晋南朝国家。这种结构应该可以反映北魏国家对五胡所持的贬斥立场。

这一立场是北魏孝文帝在太和十四年(490)调整王朝德运的结果。所谓德运，指王朝与五行——金、木、水、火、土——之一相配，并按照相生次序循环不已。自西汉后期确立五德终始说后，宋代之前的历代王朝皆有重视[9]。北魏道武帝拓跋珪建国后，定自身为土德。土德上承火德、木德和水德，各自对应前秦、前燕和后赵。而后赵之水德，承自西晋之金德。北魏以自身为土德之举，意味着承认之前五胡"天下国家"的自我定位，承认他们对汉晋天下的领有。但到了太和十四年，北魏通过改自身德运为水德，否定了之前五胡国家的正统性，直承西晋之金德[10]。这一措施与孝文帝意欲将北魏书写为继承汉晋正统的"华夏国家"的多种努力相表里[11]。崔鸿"十六国"概念的出现，也可以纳入这一时代潮流之中。

因此，今天当我们使用"五胡十六国"的说法时，应特别注意其中包含了北魏迁都洛阳后所形塑的历史观念。通过这一历史观念的形塑，北魏实现了自己与"五胡十六国"历史的切割，成为汉晋"天下国家"的正当继承者。这种历史观念当然并不等同于平城时代乃至更为古老的代国时期的北魏历史本身。

赫连夏成为"五胡十六国"之一，同样也是为这种历史观念所形塑的结果，并且与早在平城时代就已经形成的拓跋部对铁弗部的敌视态度相互作用。在思考"五胡十六国"历史时需要警惕的，不仅仅是北魏迁都洛阳后的历史观念，也包括站在"胜利者"北魏的立场对之前的历史进行单线逆推。

铁弗部的成立

赫连勃勃的霸业，起于立国关中的姚氏后秦在 402 年左右将其送回朔方，为后秦镇守北境。因勃勃祖辈曾在此称雄八十年，根基雄厚。这一部族现在多被称为“铁弗匈奴”。但这个混杂了不同来源概念的词汇，并不能够准确反映这一人群的性质。某种程度上，可以说他们既不“铁弗”，也不“匈奴”。本文姑且以“铁弗部”称之。

“铁弗”之称，来自《魏书》。《魏书》卷九五有《铁弗刘虎传》，铁弗部与赫连夏的事迹本末荟萃于此。其中开篇即言“北人谓胡父鲜卑母为铁弗，因以为号”。可见“铁弗”为一北族词语的汉字音译，意为父系匈奴与母系鲜卑混血而成的人群〔12〕。但《魏书》又言赫连勃勃称大夏天王后“耻姓铁弗，遂改为赫连氏云云”。勃勃之所以以“铁弗”为耻，很可能是因为这一称呼并非是其部族的自称，而是源自拓跋部对他们的一种蔑称即带有侮辱性的他称，意近于“杂种”之类〔13〕。以贱名加之于敌，于北魏并不鲜见，如称柔然为“蠕蠕”，书南朝为“岛夷”，赫连勃勃名作“屈孑”，沮渠茂虔名作“牧犍”，皆为其例。这也可以解释为何在《魏书》以外的其他史料如《晋书·赫连勃勃载记》与《十六国春秋·夏录》中，基本看不到以“铁弗”来称呼“铁弗部”或赫连夏政权的例子。

另外，虽然“铁弗”的中古音和“拓跋”颇为接近，但二者的意义和用法很不一样。“拓跋”很可能来自拓跋部历史上一位重要酋首的名号，是美号而非贱称〔14〕。这一名号既是整个族群的名号与身份标识，也被其核心家族垄断为姓氏代代传承。“铁弗”之称若亦为美号，赫连勃勃也就不至于以之为“耻”了。而如“铁弗刘虎”之称所示，铁弗部的核心家族为“刘”姓，并非“铁弗”。赫连勃勃建立“大夏”后的所谓“改姓”，是从“刘”改为“赫连”[15]。在这一意义上，《魏书·铁弗刘虎传》所谓勃勃“耻姓铁弗”，是对赫连勃勃改姓诏书原文的不准确的概括。

铁弗部的核心家族为“刘”姓，标示的是他们与南匈奴单于黄金家族间的血缘关系。赫连勃勃的曾祖刘虎被《魏书》称为“南单于之苗裔”。如所周知，东汉初年（1世纪中）匈奴分裂为南北二部，南匈奴归附东汉并入塞居住，后逐渐内迁至山西西南部的汾水流域。曹操在建安时期将南匈奴分为五部，单于家族也在魏晋时期改为刘姓。西晋末年起事的刘渊，虽然出自屠各而非单于家族，但主要依凭的就是南匈奴部众，并成为十六国中汉及前赵国家的统治族群[16]。刘虎的谱系则可以清晰追溯至魏晋之际的南匈奴单于家族，“左贤王去卑之孙，北部帅刘猛之从子”。

不过，这并不等同于说铁弗部的主体人群为南匈奴部众。因为刘猛于晋武帝泰始七年（271年）“叛出塞”。可以想象，这一违背西晋规制的叛乱行为只能得到其领下部分南匈奴部众的追随。而在西晋一方的攻势和利诱之下，其“左部帅李恪杀（刘）猛而降”[17]。其部众主要一分为三。一部分降者当随李恪回到了西晋塞内。一部分随刘猛之子副仑投奔了当时尚居盛乐（今内蒙古自治区和林格尔）的拓跋部。一部分则在刘猛兄弟诰升爰的率领下，继续活动于山西北部乃至内蒙古中部的塞外地区即所谓“代北”。

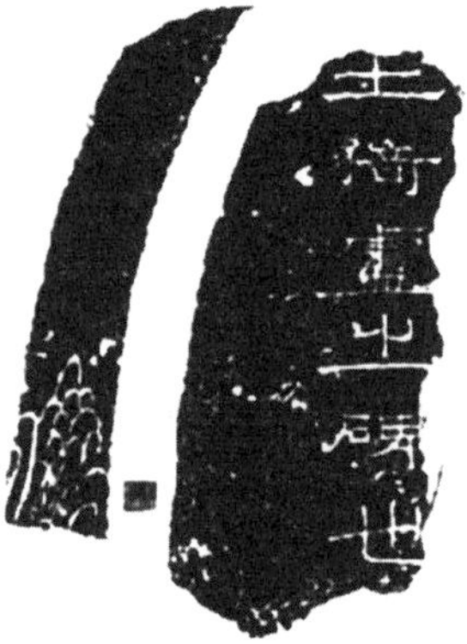

“猗卢之碑”残石拓片

（北京大学图书馆藏。转引自田余庆《拓跋史探（修订本）》，北京：三联书店，2011 年）

刘虎正是诰升爰之子，出现于史料中已在近四十年后。永嘉四年（310），刘虎联合白部鲜卑南攻西晋并州刺史刘琨。刘琨向盛乐一带的拓跋部请援。拓跋部乘机南下，与晋军共攻刘虎。刘虎被击溃后被迫退出代北，带领部众西渡黄河进入朔方，逐渐将此地区经营为铁弗部的根基之地。而铁弗部原来活动的代北地区则被拓跋部占领，其首领猗卢从西晋朝廷获封“代公”“代王”之号。

有趣的是，在西晋一方的史料中，攻击刘琨的刘虎被称为“乌丸”而非“匈奴”。《晋书》卷六二《刘琨传》即称“雁门乌丸复反”，《资治通鉴考异》所引《刘琨集》六月癸巳琨答太傅府书亦称“当聪、弥之未走，乌丸刘虎构为变逆，西招白部”[18]，均以“乌丸”为称。这里的所谓“乌丸”，应该不是指东汉末年活跃于华北边境的特定族群“乌桓”，而是像《魏书》所说的那样指前来归附的“诸方杂人”[19]。田余庆先生指出刘诰升爰领部驻牧的今内蒙古凉城、山西右玉一带，“多乌桓、拓跋各部。他们彼此渗透、渐趋融合，是必然之势”[20]。也就是说，以刘虎父子为领袖所形成的铁弗部，虽然其核心家族来自塞内的南匈奴，但部众主体却是魏晋以来活跃于代北地区的各种匈奴—鲜卑混合人群。铁弗部作为一个政治体来说，其凝聚和成立是在西晋王朝的塞外之地完成的，样态与留居塞内的南匈奴五部之众必定有极大的不同。

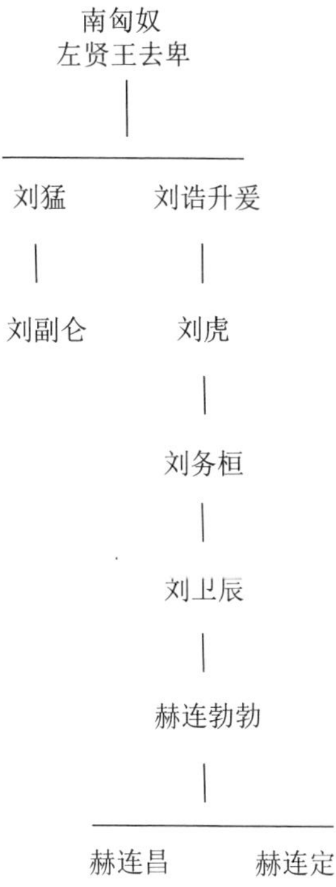

铁弗部与赫连夏世系图

铁弗部形成的契机在于上述西晋初年入塞南匈奴北部帅刘猛的“叛出塞”。与之相比，拓跋部的核心家族未曾有过入塞经历。但是，二者间又存在着极大的共性。他们都形成于西晋王朝边境之外的代北漠南之地，主体部众都是魏晋以来在这一地区活跃的各种匈奴—鲜卑混合人群。在这一意义上,《魏书·铁弗刘虎传》称“北人谓胡父鲜卑母为铁弗”,虽然意在加贱称“杂种”于敌,却也不失为一种准确的描述,只不过这一描述反过来同样适用于他们自己[21]。相对来说,拓跋部在北,铁弗部在南。但二者的风貌当相去不远,与南方西晋王朝的关系也接近。刘琨引拓跋为援本意在于抗衡铁弗南下,但铁弗西走之后,勾注陉以北地区仍为拓跋强占,实际结果与铁弗南下并无太大不同。

这样看来,拓跋部也好,铁弗部也好,与五胡十六国中“天下国家”的核心族群相比,尽管在华夏立场看来都是“胡”,其实存在重大区别。如前所述,拓跋部和铁弗部是在西晋塞外的非郡县地带完成其政治体发育的。而五胡“天下国家”的核心族群却都是自东汉至于魏晋已经内迁至中原王朝边境之内的入塞部族,其作为政治体的发育完成于王朝内部的郡县地带。如南匈奴的内迁可以追溯到东汉初年,汉魏之际进一步被分为五部,散居至山西中部、南部。羯人石勒被称为“匈奴别部”,出自山西东南部的上党,显然也入塞已久。慕容部在曹魏初年入居辽西郡,先后参与司马懿征公孙氏和毌丘俭征高句丽的军事行动,进一步迁至辽东郡。氐人苻氏和羌人姚氏应该都是在魏晋之前即已内附,但作为政治体的成立要迟至后赵石虎迁苻健于枋头,迁姚弋仲于滠头,更是已深入中原腹地。就理解五胡“天下国家”的性质而言,这是一个基本的出发点[22]。

“五胡时代”的终结者

西晋末年(4 世纪初),铁弗部西入朔方,拓跋部南下占据代北。此后直至 5 世纪 30 年代北魏太武帝攻灭赫连夏,铁弗部与拓跋部在百余年的时间里分别以朔方和代北为根基之地,保持了长久的竞争关系。而这种竞争关系又表现为一种“双螺旋”的态势,即双方呈现出互为因果的交替发展。“五胡时代”就是在这种错位的双重打击之下走向了终结。

拓跋部和铁弗部东西分立之初,占据优势的是拓跋部。代王拓跋什翼健称雄代北,铁弗部虽时叛时降,但基本以臣服为主,双方甚至有联姻。但在立国关中的前秦将其势力范围扩展至北境后,铁弗部刘卫辰投向前秦,引苻坚之兵灭代。拓跋部在代北的霸权为铁弗部和独孤部分领。什翼健幼子拓跋珪幸得不死,随母贺兰氏先后辗转贺兰部与独孤部。

淝水之战(383 年)之后,前秦在北方的统治崩溃,后燕、后秦分据东西。拓跋珪在后燕的支持下,得以在代北复国。对拓跋珪来说,有灭国之仇的铁弗部自然是最大敌人。经过几年的势力整合,391 年,魏军西渡黄河突袭铁弗部,刘卫辰父子宗族五千余人被杀,只有年仅十一岁的幼子勃勃侥幸逃脱。刘虎以来在朔方活跃八十年之久的铁弗部核心家族应是基本被消灭了。但北魏似乎无力在这一地区维持稳定统治，朔方此后经历了一段时间的权力真空。

在道武帝拓跋珪的领导下，北魏势力迅速成长。曾经支持拓跋珪的后燕，在意识到他的巨大威胁之后，转而意图消灭之。395 年，拓跋珪在著名的三合陂之战中大破后燕军。其后后燕皇帝慕容垂亲自北征，一度攻占平城，但未能击溃拓跋主力，反而病亡于返军途中。北魏南下的攻势已不可避免。两年后魏军克燕都中山，后燕亡。398 年，北魏迁都平城，拓跋珪正式称皇帝。

比拓跋珪制霸代北与征服河北略晚，铁弗部的复国运动也悄然开始。刘勃勃被立国关中的姚氏后秦送回朔方，“配以三交五部鲜卑及杂虏二万余落”，为其镇守北境[23]。重返祖辈经营数代的旧地，勃勃的势力迅速成长。407 年，勃勃称大夏天王、大单于，正式与后秦决裂。其后十年间，夏军不断南侵蚕食后秦岭北之地(关中北缘山地以北地区)，即使后秦皇帝姚兴亲征也无力扭转局面。至 417 年，姚兴死去，岭北之地尽为夏人所得。其间勃勃征发“岭北夷夏”十万人在朔方修筑宏伟的新都统万城。直接消灭后秦国家的虽然是为禅代而北伐的东晋权臣刘裕，但若无赫连夏十年来对后秦北境的蚕食，后秦国力不至于衰弱如此。事实上，建康政权也无力久守关中。418 年，夏军攻占长安，勃勃称皇帝。其后以长安为南都，返回统万，改元真兴。

陕西靖边统万城遗址

可以看到，虽然赫连勃勃比拓跋珪小十岁，但二人的人生轨迹极为相似。他们都在少年时代遭遇破家灭国之祸，又都在南方五胡“天下国家”的支持下成功北返复国。而复国成功后又反噬南下，成为后燕和后秦的梦魇。尽管后秦的直接终结者是东晋刘裕，但从长时段的历史来看，认为其实际上是为赫连夏所灭并不过分。赫连夏最终为北魏所灭是一个历史事实，但消灭南方五胡“天下国家”的历史进程却是由北魏与赫连夏分别先后完成的。这一进程并不完全等同于北魏统一华北的单线进程。

在后燕和后秦先后覆灭之后，自东汉至于魏晋内附的入塞部族势力再也未能建立“天下国家”，取而代之的是分别由拓跋部和铁弗部建立的北魏与赫连夏。而后者如前所述，都是在西晋塞外的代北漠南之地完成其政治体发育的。

立国江南的东晋南朝政权对赫连夏与北魏之间的同构

型及其与五胡“天下国家”之间的异质性有敏锐认识。“五胡”称谓本即出自晋宋之际的建康精英，指代在华北依次而起的五个“胡人”王朝（大致对应于前述“天下国家”），其修辞特征包括以类似“鲜卑”“羌”这样的族称来指代特定政权。与此相对，赫连夏与北魏在建康系统的史料中未得到过类似的书法待遇，反而共享了“虏”这一相当低贱的称呼。北魏称索虏（索头虏）、魏虏为学界熟知，赫连夏则有西虏、佛佛虏、塞外虏、北虏等多种情形〔24〕。

若以汉晋以来的华夏文明为标尺，对比立足中原的五胡“天下国家”，北魏与赫连夏或可谓更为“野蛮”的存在。平城时代北魏的国家体制中北族因素之浓厚，近年已经被越来越多地揭示出来。如皇帝定期行幸阴山一带，平城周边设置广大畿内之地，内朝内侍群体发达，部落制长期存在，西郊祭天，等等〔25〕。赫连夏这方面留存的材料较少，或可作进一步的研究。如在地方行政方面，赫连夏可能主要以州统领军镇的方式，取代传统的郡县。统万城所在的幽州，另设有十城，也似与北魏的畿内制度有相似之处〔26〕。

北魏/赫连夏与五胡“天下国家”的异质性在国家地缘格局方面有着显著表现。五胡“天下国家”尽管与汉晋王朝相比有若干特别之处，但仍然以汉晋以来的中原腹地为中心立国。前赵都长安，后赵都襄国，分别以关中平原和河北平原这样成熟的农业定居区为立国之基。后赵石虎和前秦苻坚都曾经一度实现华北统一，但前秦 VS 前燕与后秦 VS 后燕局面的一再出现乃至维持，仍然说明这种基于汉晋历史脉络的东西对立地域格局，深刻地贯穿于五胡时代，甚至到北齐、北周时代也仍然未能消弭。

表2　五胡至北朝的东西对立

西	都城		东	都城
前赵	长安	VS	后赵	襄国
前秦	长安	VS	前燕	邺
后秦	长安	VS	后燕	中山
大夏	统万	VS	北魏	平城→洛阳
西魏北周	长安	VS	东魏北齐	邺

在北魏与赫连夏分别消灭南方的后燕与后秦之后，二者也呈现为东西对立的格局。然而不同的是，虽然他们已经各自实现了对河北平原和关中平原的军事征服，但统治中心并未随之南迁，而是仍然置于其根基所在的代北与朔方。北魏都平城，赫连夏都统万，都位于汉晋以来中原王朝的北境地带。这是自战国时代华夏世界初次成形之后，第一次出现王朝首都设于北方农牧交错地带的情形。这当然与拓跋部和铁弗部都是在这一地带完成政治体的发育和成长密不可分。

因此，北魏和赫连夏国家的自我定位，不仅不同于汉晋华夏王朝，与五胡"天下国家"相比也颇有距离。415年，平城一带曾发生饥荒，北魏朝廷有人主张迁都于河北平原的邺城。崔浩则认为若迁都邺城，平城极易在柔然或赫连夏的攻击下失守[27]。418年，赫连勃勃攻占长安并称帝后，也有群臣主张定都于此。赫连勃勃拒绝了这一建议，理由是若如此统万城将落入北魏之手[28]。双方表面上对对方军事攻击的忧虑，反映的是各自以代北和朔方为国家根本的自我定位。而南方的河北平原和关中平原则仍然是有待震慑的被征服地区。崔浩有言："今居北方，假令山东有变，轻骑南出，耀威桑梓之中，谁知多少？百姓见之，望尘震服。此是国家威制诸夏之长策也。"[29]以"北方"为"国家"，以"山东"为"诸夏"。同样的定位，应该也存在于赫连夏的朔方与关中之间。

结　语

425年，大夏皇帝赫连勃勃死去，年四十五岁。在勃勃之死前后，赫连夏陷入诸子纷争的政治危机。与之相对，北魏却实现了皇帝权力的平稳过渡，十六岁的拓跋焘即位，即太武帝。胜利的天平开始向东方倾斜。太武帝随即在五年间三度伐夏，先后攻克长安、统万和平凉，俘获大夏皇帝赫连昌。勃勃另一子赫连定在陇西坚持数年后率夏国余众西奔，尚有余力攻灭乞伏氏的西秦政权。但在欲渡过黄河继续西进时，遭到吐谷浑的突袭，赫连定被俘，献于北魏后被杀。大夏至此完全灭亡了。

攻灭赫连夏之后，同时兼有代北·河北＋朔方·关中的北魏，成为华北无可争议的霸主。并在数年后完成华北统一，成为所谓"北朝"的起点。从"五胡十六国"到"北朝"，并不等同于北魏从代北而起逐渐统一华北的单线进程，毋宁说是由铁弗部—赫连夏与拓跋部—北魏共同完成的“双螺旋”进程。魏特夫(Karl A. Wittfogel)曾经提出中国古代的异族王朝可以区分为“渗透王朝”与“征服王朝”两种基本类型。前者以十六国和北魏为代表，以半和平的渗透方式侵入汉地；后者以辽、金、元、清为代表，以迅速的武力征服将汉地纳入统治。〔30〕然而从本文的分析来看，五胡“天下国家”或许可以归为“渗透王朝”，赫连夏和北魏却带有相当的“征服王朝”特征。在这一意义上，赫连夏的历史并不属于“五胡十六国”史，而是与北魏一起共同扮演了“五胡时代”终结者的角色。

初题《赫连勃勃——「五胡十六国」史への省察を起点として》，板橋晓子译，收入窪添慶文编：《魏晋南北朝史のいま》，《アジア遊学》丛书 213，东京：勉诚出版，2017 年；中文版题《赫连夏历史地位的再思考》，刊《文汇报 · 文汇学人》2017 年 10 月 13 日；增订版收入刘跃进、徐兴无主编，孙少华、童岭副主编：《大夏与北魏文化史论丛》，南京：凤凰出版社，2020 年。

注释

〔1〕“天下国家”的概念，参见甘怀真：《从天下国家的观点论中国中古的朝代》，《中国中古史研究：中国中古史青年学者联谊

会会刊》第2卷，北京：中华书局，2011年。关于“天下”在中国古代的意识形态意义，参见渡辺信一郎：《中国古代的王权与天下秩序——从日中比较史的视角出发》（增订版），上海：上海人民出版社，2021年。

〔2〕转引自方诗铭编著：《中国历史纪年表（修订版）》，上海：上海人民出版社，2007年。

〔3〕《晋书》卷一三〇《赫连勃勃载记》，北京：中华书局，1974年，第3213页。

〔4〕参见陈识仁：《历史书写下的赫连勃勃与统万城》，收入侯甬坚等编：《统万城建城一千六百年国际学术研讨会文集》，西安：陕西师范大学出版总社，2015年。

〔5〕参见饶宗颐：《中国史学上之正统论》；刘浦江：《南北朝的历史遗产与隋唐时代的正统论》，收入氏著《正统与华夷：中国传统政治文化研究》，北京：中华书局，2017年。

〔6〕王应麟：《小学绀珠》卷二《地理类》，“五胡”条，北京：中华书局，1987年；《资治通鉴》卷一〇六，晋孝武帝太元十年（385）胡三省注，北京：中华书局，1956年，第3348页。近人意见参见陈寅恪：《五胡问题及其他》，收入氏著《讲义及杂稿》，北京：生活·读书·新知三联书店，《陈寅恪集》版，2001年；周一良：《魏晋南北朝史札记·晋书札记》，“五胡次序，无汝羌名”条，北京：中华书局，1985年；罗新：《十六国北朝的五德历运问题》，收入氏著《王化与山险：中古边裔论集》，北京：北京大学出版社，2019年。陈勇《从五主到五族：“五胡”称谓探源》（载《历史研究》2014年第4期）则认为“五胡”原指“五主”，即匈奴系汉赵与后赵政权中的五位杰出领袖，后在东晋十六国末期发展为将“五族”囊括在内的新概念。

〔7〕参见拙著《观书辨音：历史书写与魏晋精英的政治文化》，第八章《“五胡”新诠：晋宋之际建康精英的历史书写》。

〔8〕参见朱希祖：《十六国旧史考》，收入朱渊清编：《朱希祖史学史

选集》。实际上也包括了部分出自建康政权人士的作品，参见拙著《观书辨音：历史书写与魏晋精英的政治文化》，第八章《“五胡”新诠：晋宋之际建康精英的历史书写》。

〔9〕参见顾颉刚：《五德终始说下的政治和历史》，收入氏著《秦汉的方士与儒生》，上海：上海古籍出版社，1998年；饶宗颐：《中国史学上之正统论》；刘浦江：《“五德终始”说之终结——兼论宋代以降传统政治文化的嬗变》，收入氏著《正统与华夷：中国传统政治文化研究》。

〔10〕参见罗新：《十六国北朝的五德历运问题》，收入氏著《王化与山险：中古边裔论集》。

〔11〕参见徐冲：《近三四十年北魏史研究的新动向》，《澎湃新闻·上海书评》2017年3月7日。

〔12〕参见姚薇元：《北朝胡姓考（修订本）》，北京：中华书局，2007年，“元氏”条、“赫连氏”条；马长寿：《乌桓与鲜卑》，上海：上海人民出版社，1962年；同氏：《北狄与匈奴》，北京：生活·读书·新知三联书店，1962年。

〔13〕参见徐冲：《“钦弗”新解》，收入本书。

〔14〕参见罗新：《论拓跋鲜卑之得名》，收入氏著《中古北族名号研究》，北京：北京大学出版社，2009年。

〔15〕参见《太平御览》卷一二七《偏霸部》引崔鸿《十六国春秋·夏录》所载赫连勃勃改姓诏书，第615页。

〔16〕参见唐长孺：《魏晋杂胡考》，收入氏著《魏晋南北朝论丛》，北京：中华书局，《唐长孺文集》版，2011年；陈勇：《汉赵史论稿——匈奴屠各建国的政治史考察》，北京：商务印书馆，2009年；罗新：《从依傍汉室到自立门户——刘氏汉赵历史的两个阶段》，收入氏著《王化与山险：中古边裔论集》。

〔17〕《晋书》卷三《武帝纪》，第60—61页；卷五七《胡奋传》，第1557页。

〔18〕《资治通鉴》卷八七晋怀帝永嘉三年（309）夏刘琨自将击刘虎

条，第 2744 页。

〔19〕《魏书》卷一一三《官氏志》，北京：中华书局，1974 年，第 2971—2972 页。

〔20〕田余庆：《代北地区拓跋与乌桓的共生关系》，收入氏著《拓跋史探（修订本）》，北京：生活·读书·新知三联书店，2011 年，第 150 页。

〔21〕《魏书·序纪》记拓跋部“国有大鲜卑山，因以为号”，反映了拓跋部在强大之后自我定位为“鲜卑”，并通过历史书写来垄断这一名号。参见罗新：《民族起源的想象与再想象——以嘎仙洞的两次发现为中心》，收入氏著《王化与山险：中古边裔论集》。南朝史书如《宋书·索虏传》《南齐书·魏虏传》则多记拓跋部出自匈奴，反映了部分真实的历史境况。参见陈勇：《拓跋种姓“匈奴说”的政治史考察》，《历史研究》2016 年第 2 期。

〔22〕甘怀真先生在窪添慶文《魏晋南北朝官僚制研究》中译本的《推荐序》中，已经高屋建瓴地指出：“‘五胡十六国’是这些居住在华北尤其是北境塞北地区的胡人政团打败了西晋并接管了郡县而建立自己的政权的结果。……（拓跋珪称“魏王”以前）拓跋政权一直是一个塞外政权，或者说是内亚王权。”上海：复旦大学出版社，2017 年。

〔23〕《晋书》卷一三〇《赫连勃勃载记》，第 3202 页；《魏书》卷九五《铁弗刘虎传》，第 2056 页。

〔24〕参见拙著《观书辨音：历史书写与魏晋精英的政治文化》，第七章《“西虏”与“东虏”：谢灵运〈劝伐河北书〉所见华北局势与历史认识》，第八章《“五胡”新诠：晋宋之际建康精英的历史书写》。

〔25〕参见徐冲：《近三四十年北魏史研究的新动向》。

〔26〕参见朴汉济：《五胡赫连夏国之都城统万城的选址及其构造——以胡族国家的都城经营方式为中心》，收入侯甬坚等

编:《统万城建城一千六百年国际学术研讨会文集》。

〔27〕《魏书》卷三五《崔浩传》,第 808 页。

〔28〕《晋书》卷一三〇《赫连勃勃载记》,第 3210 页。

〔29〕《魏书》卷三五《崔浩传》,第 808 页。

〔30〕参见魏复古(Karl A. Wittfogel):《中国辽代社会史(907—1125)·总述》,苏国良等译,收入郑钦仁、李明仁编:《征服王朝论文集》,台北:稻乡出版社,2002 年。

“铁弗”新解

作为中古时期曾经活跃的一支历史力量，铁弗匈奴及其所建立的赫连夏，基本是作为“五胡十六国”之成员，被置于拓跋魏统一华北、建立“北朝”的历史进程之中。这一定位并非始于现代历史学。唐修《晋书》已列赫连勃勃于三十卷《载记》之末，魏收《魏书》亦将铁弗刘虎与匈奴刘聪、羯胡石勒、徒何慕容廆等并列一卷。再向前追溯的话，孝文帝迁都后始纪传体化的北魏国史很可能也采取了与《魏书》类似的书法。

然而这样的定位应该视为北魏王朝刻意进行“历史书写”的结果，其与实际历史面貌之间的差距值得学者反思。事实上，从更为长时段的视野看来，铁弗匈奴及其所建立的赫连夏，是与拓跋魏共同扮演了“五胡”终结者的角色，并在汉晋唐间中国古代帝国格局重构的历史进程中起到了重要作用。这在以往的赫连夏乃至北朝史研究中基本是被忽略了的。不过限于学力，本文暂不拟正面论及以上主题，仅希望以此为思考背景，对于学界聚讼已久的“铁弗”名号问题，能够有所推进。

铁弗＝拓跋？

关于“铁弗”这一名号的由来，《魏书》卷九五《铁弗刘虎传》开篇即有明确解释：

> 铁弗刘虎，南单于之苗裔，左贤王去卑之孙，北部帅刘猛之从子，居于新兴虑虒之北。北人谓胡父鲜卑母为“铁弗”，因以为号。

《魏书》的这一记述是传世史料中仅见的对“铁弗”之义的解释。同样是以铁弗匈奴与赫连夏事迹为叙述对象，《晋书·赫连勃勃载记》与《十六国春秋·夏录》皆对“铁弗”之义未着一语。学者关于“铁弗”这一名号的理解皆以《魏书》记述为据，并大体认可其为一北族词语的汉字音写，意指匈奴与鲜卑两大族群混血而成的人群。此为学界共识，兹不赘述。

更进一步，有学者注意到“铁弗”二字的中古音近于“拓跋”，从而推论二者为同一个北族词语的不同汉字音写形式。如姚薇元《北朝胡姓考》“元氏”条在论述“托跋氏既起西部，其非纯粹之鲜卑族可知”后，即引《魏书》卷九五《铁弗刘虎传》的记载“北人谓胡父鲜卑母为铁弗”云：

> 据此，可知匈奴与鲜卑之混血族，名曰“铁弗”。古读清唇音如重音，“托跋”亦译“秃发”。托跋氏既号鲜卑，又称匈奴；疑“拓跋”即“铁弗”之异译，乃匈奴与鲜卑之混血族。[1]

与姚氏意见相类，马长寿认为“拓跋鲜卑的祖先南迁以后，不断与草原中部和西北部的敕勒、匈奴诸族错居杂处，接触频繁，所以在草原内产生了很多‘胡父鲜卑母’的铁弗或铁伐匈奴和‘鲜卑父胡母’的拓跋或秃发鲜卑”[2]。又主张“铁弗”为“Tuba”的对音，其义指“两种姓杂交而生的新的种姓，在初时草原部民并无任何卑下之意”[3]，颇有“拓跋”“铁弗”为同词异译的倾向。

周建奇在参考突厥语和蒙古语的基础上，提出可以“用突厥语中表示‘山头’之一词，解释汉文史籍所载的‘拓跋’、‘秃发’、‘铁弗’或‘铁伐’等词，认为它们可能分别为 taɣbaš, tupuś, tăvpuś的对音，即互为对应之词或不同的方言形式”[4]。罗新先生则认为“铁弗一词，和拓跋、秃发、乞伏、乙弗一样，是某一官号（铁）与官称 beg（弗、伐）结合而构成的一组名号，毫无疑问是一个美称”，并指出“铁弗部的先世源流比较清晰，也许是产生所谓‘胡父鲜卑母’说法的原因，但更可能的原因却是，由于在拓跋部崛起时与拓跋为敌，把持着历史叙述权的拓跋部，取消了铁弗部鲜卑族属的权利”[5]。

“铁弗”与“拓跋”在中古读音上确实极为接近，“铁弗部”与“拓跋部”也确实都是包括了匈奴和鲜卑在内的多族群混合共生的结果。但无论是得出“铁弗”与“拓跋”为同一北族词语的异译之结论（如“拓跋”与“秃发”之例），还是认为“铁弗”是与“拓跋”性质相近的美称性名号，都还存在着一些疑问。

应该注意到，虽然都是针对某一确定人群的名号指称，“铁弗”与“拓跋”在性质上却有着极大的区别。关于“拓跋”，罗新先生揭示其得名于一组由官号（拓，即 tog）和官称（跋，即 beg）相结合的名号。结合魏晋时期诸北族名号的得名方式，这一名号当来自某位带领拓跋部走出部落阶段迈向酋邦时代的酋首的可汗号，罗氏推测其为神元帝力微的可能性较大[6]。无论这一推测是否能够成立，可以肯定的是：第一，“拓跋”来自拓跋部历史上一位重要酋首的名号；第二，“拓跋”的具体意涵虽然未必与《魏书》载孝文帝改姓诏书所言的“北人谓土为拓，后为跋”直接对应，但应该是一种美称、美号，而非蔑称、贱号；第三，“拓跋”既是整个族群的名号与身份标识，也被其核心家族垄断为姓氏代代传承。

对比看来，“铁弗”这一名号的表现就完全不同。前引《魏书·铁弗刘虎传》对“铁弗”的释义，与《北史·蠕蠕传》对北族酋首名号特征的总结“因其行能，即为称号”之间，似乎很难建立对应关系，显示“铁弗”不太可能来自于铁弗部某位酋首的名号。学者普遍认为，铁弗部获得“铁弗”之称，始于西晋末年的刘虎。而《魏书》本纪中初次出现“铁弗”之称，即与刘虎联系在一起，见卷一《序纪》：

> （穆帝猗卢三年）白部大人叛入西河，铁弗刘虎举众于雁门以应之。攻（刘）琨新兴、雁门二郡。

刘虎在血缘上虽然为“南单于之苗裔，左贤王去卑之孙，北部帅刘猛之从子”[7]，但为其所凝聚的人群构成却颇为复杂，并不仅限于南匈奴部众。如上述记事《晋书》卷六二《刘琨传》即称“雁门乌丸复反”，《资治通鉴考异》所引《刘琨集》六月癸巳琨答太傅府书亦称“当聪、弥之未走，乌丸刘虎构为变逆，西招白部”[8]，均以“乌丸”为称。虽然这次起兵为刘琨和拓跋部联手击败，但正是在刘虎的率领下，铁弗部西走朔方，在黄河以西的河套地区获得了稳定的根据地，成为拓跋代国的西部大敌。在铁弗部发展的历史上，可以说刘虎的地位约略相当于神元帝力微之于拓跋部。刘虎是否称单于或者可汗不得而知。在汉式姓名之外，《魏书·铁弗刘虎传》又记其“一名乌路孤”，或为“虎”之北语，但与“铁弗”当无对应关系。

另外，如前所述，“拓跋”这一名号，既为人群整体之名，亦为核心家族之姓氏。而铁弗部核心家族的姓氏如刘虎、刘卫辰之名所示，一直就是刘姓。这当与其南匈奴单于苗裔的自我定位有关。陈勇指出南单于一族改为汉族刘姓，大概就在魏晋之际[9]。无论这一定位是否真实，确实构成了这一核心家族的身份标识，以至于仇池氏王杨盛会对东晋朝廷上表称“索虏勃勃，匈奴之正胤”[10]。与此相对，“铁弗”之称，在史料中更多是作为一种群体称呼而出现的，如铁弗刘虎、铁弗刘卫辰等等。唯一类似姓氏的表现见于《魏书》卷二四《燕凤传》，载苻坚灭代之后，原代臣燕凤固请曰：

> 代主初崩，臣子亡叛，遗孙冲幼，莫相辅立。其别部大人刘库仁勇而有智，铁弗卫辰狡猾多变，皆不可独任。宜分诸部为二，令此两人统之。

这里称“铁弗卫辰”，似有以“铁弗”为姓之意。但这一表现也可以解释为是因为此前已经提到了刘卫辰的同宗独孤部刘库仁，故接下去即略去卫辰之刘姓。无论如何，我们在史料中很难看到“铁弗”如“拓跋”乃至后来的“赫连”一般作为姓氏使用的例子。从这一角度来说，《资治通鉴》卷八七晋怀帝永嘉三年(309)所述“初匈奴刘猛死，右贤王去卑之子诰升爰代领其众。诰升爰卒，子虎立，居新兴，号铁弗氏”的表现形式，或许来自司马光对“铁弗”这一名号的误解。

改“铁弗氏”为“赫连氏”？

学界之所以常误认“铁弗”为姓氏，可能和《魏书》卷九五

《铁弗刘虎传》的如下表述有关：

> 太祖末，屈孑袭杀没弈于而并其众，僭称大夏天王，号年龙升，置百官。（姚）兴乃悔之。屈孑耻姓铁弗，遂改为赫连氏，自云徽赫与天连；又号其支庶为铁伐氏，云其宗族刚锐如铁，皆堪伐人。

“耻姓铁弗，遂改为赫连氏”云云，似乎暗示屈孑（勃勃）原姓铁弗氏。姚薇元《北朝胡姓考》即云“据此，是赫连勃勃本姓铁弗”。马长寿亦云：

> 及铁弗部入居中国渐久，受汉人宗法观念的影响亦渐深，故《铁弗刘虎传》称铁弗勃勃“耻姓铁弗，遂改为赫连氏，自云徽赫与天连”。《十六国春秋·夏录》记载有赫连勃勃改姓的诏文，云：“古人氏族无常，或以因生为氏，或以王父之名。”此铁弗正是其祖先因杂配而生所得之姓。但铁弗之改姓为赫连，主要还是改正草原诸部族的观感而言的，对于中原的汉人则“又号其支庶为铁伐氏，云其宗族刚锐如铁，皆堪伐人”。此“铁伐”正是铁弗的异译，只从字面上看有“以钢铁伐人”之义罢了。[11]

马氏言“铁弗之改姓为赫连”，又引赫连勃勃改姓诏文所谓“或以因生为氏”称“此铁弗正是其祖先因杂配而生所得之姓”，显然也是将铁弗理解为姓氏的。

但事实上，《魏书·铁弗刘虎传》的如上表述只是对赫连勃勃改姓诏书的节略，该诏书以更为完整的面貌存在于《十六国春秋·夏录》和《晋书·赫连勃勃载记》中。马氏虽然也注意到了这条材料，却做了错误的理解。不避繁冗，全引如下。《太平御览》卷一二七《偏霸部》引崔鸿《十六国春秋·夏录》云：

其年，下书曰：“朕之皇祖，自北迁幽朔，姓改姒氏，音殊中国，故从母氏为刘。子而从母之姓，非礼也。古人氏族无常，或以因生为氏，或以王父之名。朕将以义易之。帝王者，系天为子，是为徽赫实与天连，今改姓曰赫连氏，庶协皇天之意，永享无疆大庆。系天之尊，不可令支庶同之，其非正统，皆以铁伐为氏，庶朕宗族子孙刚锐如铁，皆堪伐人。”〔12〕

可以看到，这一诏书首先解释的是其家族为何以刘为姓。姚薇元认为诏书“讳言其本姓铁弗”，而“谓‘从母氏为刘’显系饰词”〔13〕。然而“故从母氏为刘”应该是魏晋之际南匈奴单于家族改姓的官方解释，亦见于《魏书》卷九五《匈奴刘聪传》：“汉高祖以宗女为妻冒顿，故其子孙以母姓为氏。”如前所述，南匈奴单于苗裔的自我定位，一直是勃勃集团凝聚胡汉人群的主要号召之一。但这一身份认同又通过“匈奴为大禹之后”而与华夏传统建立了联系，如其国号“夏”即缘自“自以匈奴夏后氏之苗裔也”。诏书先言“姓改姒氏”，又言“从母氏为刘”，正是这种双重意识形态的反映。

不过其后勃勃又强调“子而从母之姓，非礼也”，故有改姓的必要。虽然一般人取得姓氏的路径无非“因生为氏”或者“王父之名”，但勃勃现在则要另辟蹊径，“以义易之”，于是“改姓曰赫连氏”。“赫连”应该也是一个北族语汇的汉字音写。但无论其原初语义是否与勃勃诏书中提供的“徽赫实与天连”相关[14]，勃勃改姓的实质无疑都是将“刘氏”改为“赫连氏”，而绝非从“姓铁弗氏”改为“姓赫连氏”。陈识仁认为勃勃改姓“赫连”，与北魏明元帝改其名为“屈孑”大致同时，“恐怕不是时间上的巧合，而是彼此世仇的部族在实际争夺以外，以改姓标志决裂的一种政治宣示手段”[15]，是很有见地的意见。

需要指出的是，虽然勃勃将其姓由“刘氏”改为“赫连氏”，但并不意味着废弃了原来的双重意识形态而转向单纯的草原本位。如刻于改姓之后的所谓《统万城铭》即云：

> 我皇祖大禹以至圣之姿，当经纶之会，凿龙门而辟伊阙，疏三江而决九河，夷一元之穷灾，拯六合之沈溺，鸿绩侔于天地，神功迈于造化，故二仪降祉，三灵协赞，揖让受终，光启有夏。传世二十，历载四百，贤辟相承，哲王继轨，……爰始逮今，二千余载，虽三统迭制于崤函，五德革运于伊洛，秦雍成篡弑之墟，周豫为争夺之

薮，而幽朔谧尔，主有常尊于上；海代晏然，物无异望于下。故能控弦之众百有余万，跃马长驱，鼓行秦赵，使中原疲于奔命，诸夏不得高枕，为日久矣。是以偏师暂拟，泾阳摧隆周之锋；赫斯一奋，平阳挫汉祖之锐。虽霸王继踪，犹朝日之升扶桑；英豪接踵，若夕月之登蒙汜。自开辟已来，未始闻也。[16]

显然大禹与匈奴仍然同时构成了赫连勃勃的族源传说，也是其国家意识形态的双重构成。之后后秦姚兴镇北参军王买德投奔大夏，史载勃勃谓曰：

朕大禹之后，世居幽朔。祖宗重晖，常与汉魏为敌国。中世不竞，受制于人。逮朕不肖，不能绍隆先构，国破家亡，流离漂虏。今将应运而兴，复大禹之业，卿以为何如？[17]

这段表述多大程度上为勃勃原话并不重要，但可见在赫连夏自朔方向关中扩张的过程中，这一双重意识形态对汉地人群仍然具备相当的影响力。

“铁弗”的意涵

由上节论证可以看到，《魏书》卷九五《铁弗刘虎传》所谓

“屈孑耻姓铁弗，遂改为赫连氏”的表述，是对赫连勃勃改姓诏书原文的不准确的概括。不过，这一表述也透露出了一个准确的信息，即勃勃是以“铁弗”之称为耻的。而且这种耻辱感应该不是勃勃发布改姓诏书之际才出现的，而是来自其最初开始行用之时。

综合考虑，对于前引《魏书·铁弗刘虎传》对铁弗意涵所作的解释“北人谓胡父鲜卑母为‘铁弗’，因以为号”，我们可以得出两点认识：

1. 意为“胡父鲜卑母”的“铁弗”，应该是一种蔑称。

2. 既然是一种蔑称，则所谓“因以为号”，就不会是“铁弗部”的自我称呼，而应该是一种他称。

这一他称的作为主体显然就是拓跋魏。拓跋与铁弗尽管关系密切[18]，却世代为仇。刘虎为刘琨与拓跋共击，西走朔方；后刘卫辰引前秦苻坚灭代国，致拓跋什翼犍死；道武帝拓跋珪复国后，即西击铁弗于朔方，杀刘卫辰父子并其宗族五千余人，仅其幼子勃勃亡命于后秦；后勃勃复于朔方立国建夏，与北魏相敌，然其死后终为太武帝拓跋焘灭国。

事实上，“铁弗”之称确实仅见于渊源于北魏国史的魏收《魏书》，在《晋书·赫连勃勃载记》及《太平御览·偏霸部》所引的《十六国春秋·夏录》中都难觅其踪。与此相关的是，虽然以“铁弗部”指称刘虎及其后裔包括赫连勃勃所凝聚的人群，是学界的惯常用法，与“拓跋部”“慕容部”之类无别，但是史料中似乎尚未见到类似“铁弗部”或者“铁弗氏”的表现。这都说明这一名号并非来自其人群内部的自我身份标识，而是出之于他者的蔑称。类似这样以蔑称卑语加之于敌对者的做法于拓跋魏一方并不鲜见，如柔然改称“蠕蠕”、沮渠茂虔改称“沮渠牧犍”及勃勃改称“屈孑”等，皆为显例。

学者普遍认为，铁弗部获得“铁弗”之称，始于西晋末年的刘虎。不过如前所述，《魏书》卷一《序纪》所言穆帝猗卢三年“铁弗刘虎举众于雁门”事，《晋书》卷六二《刘琨传》称“雁门乌丸复反”，《资治通鉴考异》所引《刘琨集》六月癸巳琨答太傅府书则称“乌丸刘虎”，均以“乌丸”为称。也不能排除“铁弗部”自拓跋处获得“铁弗”之号可能远在刘虎之后，《魏书》或者作为其基础的北魏国史乃追书之。

由此亦可推论，前引赫连勃勃改姓诏书中在赫连氏后言及用于宗族支庶的“铁伐氏”，虽然读音上与“铁弗”相当接近，但二者背后所对应的北族词语断不会是同一个。因为勃勃虽然以宗族支庶低皇族一等，故不得拥有“系天之尊”的赫连之姓，但次一等的“铁伐”仍然应该是一个美称美号，这也与其“刚锐如铁，皆堪伐人”的释义相应，而不可能是“铁弗”这样的蔑称。又“铁伐”用作人名两见于《北齐书》，一为茹茹（柔然）王子名，一为段韶小名，似乎亦可作为“铁伐”为美号的旁证。

那么，为何意为“胡父鲜卑母”就是一种蔑称呢？白鸟库吉认为这一词语为满洲语“dufe 之对音，野合之义也”[19]。内田吟风亦引卜弼德(P. Boodberg)之说，认为“铁弗”是古突厥语 tataburi 的音译，意为“杂种”[20]。前辈学者具体的勘同未必准确，但这一思考方向值得重视。

实际上类似这种以来自他方的蔑称代指某一特定人群的做法在汉唐间所在多有。如《三国志》卷三十《魏书·乌丸鲜卑东夷传》裴松之注引《魏略·西戎传》载：

> 赀虏，本匈奴也，匈奴名奴婢为赀。始建武时，匈奴衰，分去其奴婢，亡匿在金城、武威、酒泉北黑水、西河东西，畜牧逐水草，钞盗凉州，部落稍多，有数万，不与东部鲜卑同也。其中非一，有大胡，有丁令，或颇有羌杂处，由本亡奴婢也。

“赀”既为匈奴名奴婢之语，则应为一个来自他者的蔑称。因为其人群构成包括了高车或丁零及鲜卑、羌族等成分在内，地域分布亦在凉州，唐长孺推测其与乞伏鲜卑存在对应关系[21]。而“乞伏”则是这一人群因其重要酋首之名号而获得的自称[22]。又如我们熟知的吐谷浑，其名号亦来自酋首之名[23]，而《晋书》卷九七《吐谷浑传》载：“西北杂种谓之为阿柴虏，或号为野虏焉。”显然“阿柴虏”或者“野虏”是西北各部对于吐谷浑的他称/蔑称。这两个例子或许可以帮助我们理解“铁弗部”的得名由来。

最后略谈一下赫连勃勃名字的问题。姚薇元《宋书索虏传南齐书魏虏传北人姓名考证》“佛佛——屈孑”条云：

> 《索虏传》记赫连氏有名卫臣者(按《魏书》作“卫辰”),子名佛佛,骁猛有谋算,自称尊号。按佛佛,《晋书》《周书》《通鉴》等均称“勃勃”卫臣第三子,夏开国主也。《魏书》称“屈孑”系魏明元帝所改。“屈孑”,代北语卑下之意。(见《魏书》卷九十五《铁弗刘虎传》。)亦作“屈丐”。(见《魏书》之《太祖纪》《世祖纪》《长孙嵩传》《周观传》《胡方回传》等。)李延寿《北史》从《魏书》成“屈丐”。按“屈孑”古读 k‘ji̭uət kji̭æt,与“佛佛”k‘ji̭uət kji̭æt或“勃勃”b‘juət b‘juət 音似,故明元谐借为谑。若作“屈丐”,“丐”古读 ka:i,与“佛”“勃”音迥异。疑原作“屈孑”,“丐”系后改。[24]

姚氏指出了对应于“勃勃”或者“佛佛”的应该是“屈孑”而非“屈丐”,但未解释为何会出现“屈丐”的情形。实际上“匃(丐)”在中古写本文献中有“[illegible]”“[illegible]”等多种草书楷化字形[25],与“孑”字确易因形近致讹。

原收入童岭主编:《皇帝·单于·士人:中古中国与周边世界》(上海:中西书局,2014 年)。

注释

〔1〕姚薇元:《北朝胡姓考(修订本)》,北京:中华书局,2007年,第5—6页。亦可参同书“赫连氏”条,第265—267页。

〔2〕马长寿:《乌桓与鲜卑》,上海人民出版社,1962年,第30页。

〔3〕马长寿:《北狄与匈奴》,北京:生活·读书·新知三联书店,1962年,第102页。

〔4〕周建奇:《关于“桃花石”》,《内蒙古大学学报(哲学社会科学版)》,1985年第4期;同氏:《释“赫连”》,《内蒙古大学学报(哲学社会科学版)》,1989年第2期。

〔5〕罗新:《民族起源的想象与再想象——以嘎仙洞的两次发现为中心》,收入氏著《王化与山险:中古边裔论集》,北京:北京大学出版社,2019年,第187—188页。

〔6〕罗新:《论拓跋鲜卑之得名》,收入氏著《中古北族名号研究》,北京:北京大学出版社,2009年。

〔7〕《魏书》卷九五《铁弗刘虎传》,北京:中华书局,1974年,第2054页。

〔8〕《资治通鉴》卷八七晋怀帝永嘉三年(309)夏刘琨自将击刘虎条,第2744页。

〔9〕陈勇:《汉赵史论稿——匈奴屠各建国的政治史考察》,北京:商务印书馆,2009年,第115页。

〔10〕《南齐书》卷五七《魏虏传》,北京:中华书局,1972年,第984页。

〔11〕马长寿:《北狄与匈奴》,第102—103页。

〔12〕《太平御览》,第615页。《晋书·赫连勃勃载记》同。

〔13〕姚薇元:《北朝胡姓考》(修订本),“赫连氏”条,第266页。

〔14〕姚薇元认为:“勃勃改姓赫连,盖以鲜卑语谓‘天’为‘祁连’。勃勃改译为赫连,从汉语字面释为‘徽赫实与天连’,盖译音而兼译意,藉以夸饰其‘系天之尊’也。”见氏著《北朝胡姓考》(修订本),“赫连氏”条,第266页。周建奇《释“赫连”》则认为

“赫连”义为山顶，很可能就是“台合勒（Taiqal）”这个复合词的后半部qal“顶、头”的音译。这两种解释事实上都认同勃勃改姓诏书对“赫连”所作的华夏层面的解释。从这一点考虑，北魏孝文帝改姓诏书中对“拓跋”所作的解释“北人谓土为拓，后为跋”与“拓跋”原意之间的关联是值得重视的。

〔15〕陈识仁：《历史书写下的赫连勃勃与统万城》，西安：陕西师范大学出版总社，2005年，第170页。

〔16〕《晋书》卷一三〇《赫连勃勃载记》，北京：中华书局，1974，第3310页。

〔17〕《晋书》卷一三〇《赫连勃勃载记》，第3205页。

〔18〕参见田余庆：《代北地区拓跋与乌桓的共生关系》，收入氏著《拓跋史探（修订本）》，北京：生活·读书·新知三联书店2011年，第146—151页。

〔19〕白鸟库吉：《东胡民族考》，方壮猷译，上海：商务印书馆，1934年，第142页。

〔20〕内田吟风：《北アジア史研究·匈奴篇》，京都：同朋舍，1988年，第320页。卜弼德(P.Boodberg)之说见*Two Notes on the History of the Chinese Frontier*（*HJAS.I-3.4, 1936*），转引自内田书。

〔21〕唐长孺：《魏晋杂胡考》，氏著《魏晋南北朝论丛》，北京：中华书局，2011年，第424—425页。

〔22〕罗新：《论拓跋鲜卑之得名》，氏著《中古北族名号研究》，第63—65页。

〔23〕罗新：《论拓跋鲜卑之得名》，氏著《中古北族名号研究》，第74页。

〔24〕姚薇元：《北朝胡姓考（修订本）》，第476页。

〔25〕张小艳：《敦煌佛教疑伪经疑难词语考释》，收入余欣主编：《存思集：中古中国共同研究班论文萃编》，上海：上海古籍出版社，2013年。

两方墓志与三场葬礼：北魏孝文帝迁都的另类风景

“突兀而至”的墓志文化

太和十七年(493)至十九年(495)间，北魏孝文帝将都城从经营百年的代北平城，迁至已荒废近两百年的西晋故都洛阳，由此开启了北魏王朝后半程的急遽转身与国家重构。此即国人耳熟能详的孝文帝迁都[1]。20世纪以来，在洛阳城、永宁寺、龙门石窟等可视化的宏规巨构之外，以城北邙山一带为中心持续出土的大量墓志，在为北朝史研究不断注入新鲜活力的同时，也逐渐成为我们想象北魏洛阳时代时不可或缺的文化图景。

虽然大多数北魏墓志系盗掘出土，并未经过科学的考古工作整理，但已足以让我们了解，在北魏洛阳时代，墓志是精英阶层丧葬文化的标准配置，涵盖了从皇族元氏到胡汉大族的主要范围。在理想状态下，这一纪念装置于方正青石之上刻成，文字均匀分布于罫线划分的界格内。文字内容一般由志题、志序与铭辞三大部分组成。其中志序按照姓名、郡望、家系、经历、品德、死亡、丧葬这样的经典顺序,叙写志主生平。而铭辞部分不仅由文学性颇高的四字韵文组成,其内容也要按照类似的模块构成,完成与志序的对应叙述。丧家需要委托专门的文士来完成这一工作。北魏洛阳时代精英阶层的墓志文化,直接决定了其后隋唐时代扩展至更大社会层面墓志文化的基本面貌。

不过,若将北魏此前百余年的平城时代也纳入视野的话,就会感受到孝文帝迁都洛阳后墓志文化的风行,毋宁说更像是一个突兀而至的"历史事件",而非社会文化的渐进转

兴安三年(454)韩弩真妻王亿变墓志

变。平城时代虽然也有墓铭、墓砖类型的文物出土，但数量不多，行用未广，使用者集中于因种种原因迁入平城的徙民群体。而构成北魏政权统治核心的所谓“代人”（包括皇族拓跋氏及其他胡族），尚未见有使用类似文物的迹象[2]。这些文物大多形制粗陋，内容也比较简单，几乎不具备由四字韵文组成的铭辞。从洛阳时代墓志文化的标准来看，难以“墓志”称之。而迁都洛阳之后，早在入葬于太和二十年（496）的南安王元桢这里，其墓志就已经是相当成熟的精美之作，志主身份和装置面貌都与平城时代的墓铭、墓砖类文物形成了鲜明的对比。

太和十六年(492)盖天保墓砖

基于这种对比，学者认为北魏洛阳时代墓志文化流行的背后，或有朝廷方面的某种推动在起作用[3]。但这毕竟只是一种推测。北魏洛阳时代墓志文化的创生这一“历史事件”究竟是如何发生的？有哪些人、以怎样的方式卷入了这一事件？这一事件与孝文帝迁都这一更为宏大的“历史事件”关系如何？这些问题，都在历史的迷雾之中若隐若现，而学者徒呼奈何。直到2010年，制作于太和十九年(495)的冯熙墓志与冯诞墓志先后刊布，才为上述问题的解答提供了真正的基础。

冯熙、冯诞父子的两方墓志

冯熙墓志和冯诞墓志据说均出于洛阳市孟津县与偃师市交界处，时间分别为2007年冬和2008年冬。后洛阳当地学者李风暴、赵君平于2010年先后撰文介绍冯熙墓志，冯诞墓志拓片的公布则要等到2011年《秦晋豫新出墓志搜佚》的出版[4]。与近二十年来刊布的多数北朝隋唐墓志一样，这两方墓志亦为盗掘出土，相关墓葬信息自然付之阙如。观察冯熙墓志拓片，左方铭辞部分中间偏上位置，一圆形痕迹清晰可辨，或为盗掘者以洛阳铲卜探时所伤及。冯诞墓志则志石右侧有一较大缺口，残损若干字。熙志言其葬于“河南洛阳之北芒”，诞志则言“葬于乾脯山之阴”。乾脯山推测地当汉魏洛阳城东北，与西晋帝陵相邻。

冯熙与冯诞为父子关系，出自北魏史上著名的文明冯太后家族。《冯熙墓志》称其为“文明太皇太后之兄，显祖献文皇帝之元舅也，又为国之外舅矣”。“外舅”即岳父，因孝文帝“前后纳熙三女，二为后，一为左昭仪”[5]。平城时代后期，在冯太后的积极推动下，冯熙子女与北魏宗室及北族高门通过联姻，构建了庞大深广的权力网络。即使在冯太后于太和

冯熙墓志拓片

冯诞墓志拓片

十四年(490)去世之后,冯氏家族在平城也仍然具有强大的影响力。冯诞则为冯熙世子,与孝文帝同岁,二人关系甚密。《北史·外戚传》记载"高祖宠诞,每与诞同舆而载,同案而食,同席坐卧",亲近程度甚至超过了孝文帝的弟弟彭城王元勰和北海王元详。《冯诞墓志》的"幼以贵戚聪令,入侍禁幄。……年志协于辰御,居游契乎轩禁"即是指此而言的。

从这种亲近关系来看,冯诞乃至冯熙家族应是孝文帝迁都计划的积极支持者,甚至可能在其中扮演了关键角色。然而太和十七年(493)八月孝文帝以南伐名义率大军南下,九月在洛阳"定迁都之计",仅过了不到两年即太和十九年(495),冯熙和冯诞父子就先后因病去世,不能不说是相当突然的。《魏书·高祖纪》记载冯熙于十九年三月戊子(十九日)卒于平城。《冯熙墓志》则言"太和十九年岁在乙亥正月辛未朔廿四日甲午,年五十有八,薨于代平城第"。前者记录的应是孝文帝在钟离前线接到冯熙凶问的时间,实际去世时间当以墓志为准。而冯诞在十九年初“从驾南伐”,二月廿二日病卒于淮南钟离前线,年仅二十九岁。

作为孝文帝统治圈的核心成员,冯熙和冯诞父子在死后都受到了极高规格的哀荣待遇。《北史·外戚传》对此渲染有加,包括赠以高官、加以殊礼、给予美谥、皇帝亲送等多个方面。值得注意的是,冯熙卒于平城旧都,冯诞卒于钟离前线,但最终都葬于洛阳。这一点有赖于两方墓志的出土,得到了更为坚实的印证。在太和十九年(495)这一迁都伊始的敏感时节,冯熙父子的入葬洛阳,应该也可以视为广义上的“迁都大业”的组成部分,被孝文帝着意经营。《北史·外戚传》在冯熙所受哀荣的最后说孝文帝“葬日,送临墓所,亲作志铭”,对应的应该就是今天呈现于我们眼前的这方冯熙墓志。

不过仔细对比两方墓志的内容与面貌,有两个问题却是不能等闲视之的。

第一,如前所述,冯熙卒于太和十九年(495)正月廿四日,冯诞卒于同年二月廿二日。而二人入葬时间据墓志可知冯诞是在五月四日,冯熙则在十二月廿六日。也就是说,虽然冯熙去世时间早于冯诞约一个月,但入葬时间却比冯诞晚了半年以上。卒葬之间相隔近一年,在中古时代也是颇为少见的。

很容易将造成这一现象的原因归之于地理空间的阻隔。冯熙与冯诞均葬于新都洛阳。冯诞跟随孝文帝南迁洛阳,后卒于南伐前线淮南钟离，冯熙则卒于旧都平城。似乎前者距离洛阳更近。但实际上，如墓志所见，冯诞死后，遗体运抵洛阳花了一个月的时间。而孝文帝太和十七年(493)以南伐名义迁都，八月十一日从平城出发，三十日到达并州(今太原)，九月廿日渡过黄河，廿二日即到达洛阳。十八年(494)十月正式迁都，改经太行山东麓的河北平原南下洛阳，费时也不过月余[6]。冯熙如此之晚方才入葬洛阳，仅仅用地理因素来解释是行不通的。

第二，冯熙和冯诞父子二人身份相仿，均于太和十九年入葬洛阳。但两方墓志的面貌却有着相当的差异。冯诞墓志虽亦刻于方正青石之上，然既无志题，亦无铭辞。首先记录的是志主的卒日、官爵和姓名。这种起首方式实际上多见于北魏平城时代的墓铭、墓砖类文物，与十六国时期的丧葬文化一脉相承[7]。其后叙述死亡和丧葬过程及哀荣，以“五月四日壬申，葬于乾脯山之阴”结束。最后略述志主出身和经历，并以“略诸玄志，犅铭泉堂”作结。这里的“铭”指的不是由四字韵语组成的“铭辞”，只是“刻写”之意。墓志全文以时间、地点、姓名、身份等具体信息的记录为主，少见文学性的表现。

对比来看，冯熙墓志已经是一派新貌。志石达 72 厘米见方。有独立成行的志题“太师京兆郡开国冯武公墓志铭”，且径称“墓志铭”，这是十分值得注意的。其后的内容由志序和铭辞两大部分构成。志序以“太师京兆郡开国公，姓冯，讳熙，字晋国。冀州长乐郡信都县人”起首，铭辞以“琼光肇姬，琇业阐晋。凝冯命姓，升燕祚胤”起首，其后均遵循出身、经历、品德、死亡、埋葬、悼念这样的经典顺序，完成两套相互对应的叙述文本。以本文开头所言北魏洛阳时代墓志文化的任一标准来衡量，冯熙墓志都已经是成熟的精品之作。此前所见最早的北魏墓志，是制作于太和二十年(496)十一月的南安王元桢墓志。现在，冯熙墓志将这一时间点提前了近一年的时间。

因此，本文第一节所提出的问题，即北魏洛阳时代墓志文化的创生这一“历史事件”究竟是如何发生的，可以化约为一个更为简练的问题：冯熙墓志作为一个“历史事件”，究竟是如何发生的呢？

这一“历史事件”最为重要的参与者或者制造者，前文实际上已经给出了提示。据《北史・外戚传》，正是孝文帝本人“亲作志铭”。但这一记述与冯熙墓志一样，是带有特定意识形态目的的历史书写，需要进行深入的史料批判。剥开正史文本和墓志文本的重重包裹，我们可以看到，在太和十九年(495)的北魏，围绕冯熙和冯诞父子的安葬问题，有三场葬礼依次展开，最终造就了今天所见的冯熙墓志，以及之后北魏洛阳时代的墓志文化。

太和十九年五月：冯诞的洛阳葬礼

读者看到“三场葬礼”可能会感到疑惑。以中古丧葬文化的常态而言，一方墓志对应一场葬礼。冯熙墓志与冯诞墓志这父子二人的两方墓志，为何会有三场葬礼之说？

的确，冯诞墓志和冯熙墓志分别对应着太和十九年（495）五月和十二月在洛阳为他们举行的两场葬礼。这在《北史·外戚传》和两方墓志之中都有着明确的叙述。如前所述，冯熙父子葬于洛阳也是孝文帝迁都大业的有机组成部分。根据《北史·外戚传》的叙述，孝文帝在南征前线得知冯熙凶讯后即决定要将其葬于洛阳。冯熙妻博陵长公主先卒，早已入葬冯氏在平城的墓所。所以还要下诏“开魏京之墓”，将公主之柩与冯熙之柩一起运往洛阳。冯熙夫妇灵柩到达洛阳东郊七里涧时，孝文帝“服缞往迎，叩灵悲恸而拜焉”。

这里有些时间上的细节值得追究。太和十七年（493）、十八年（494）孝文帝迁都两度从平城南下，分别走山西与河北路线，到达洛阳都不过费时月余。孝文帝得知冯熙凶讯是在三月十九日，就算包括“开魏京之墓”在内的丧事筹备需要更多时间，在六月前后冯熙夫妇灵柩总该已经能够运抵洛阳。而据《冯熙墓志》，冯熙在洛阳的实际入葬时间是十二月廿六日。这一间隔有些长得不合常理，不由让人怀疑将冯熙葬于洛阳的决定，可能发生的相当晚，孝文帝并不是在得知凶讯后就立刻做出这一决策的。

实际上有史料显示，在冯熙死后，远在淮南前线的孝文帝与留守平城的保守势力间发生过尖锐的对立。但君臣争执的主题并非冯熙是否应该南葬洛阳，而是孝文帝本人是否应该北返平城参加冯熙的葬礼。当时恒州刺史、行尚书令陆叡“表请车驾还代，亲临太师冯熙之葬”[8]。发出同样请求的还有宗室元老元丕。陆叡与元丕都是平城保守势力的代表，对迁都之事本来就持反对态度。他们要求孝文帝回平城参与冯熙葬礼，自然也含有阻挠新都建设甚至更为危险的用意。故孝文帝坚持不回平城，并专门下诏曰：

> 今洛邑肇构，跂望成劳。开辟暨今，岂有以天子之重远赴舅国之丧？朕纵欲为孝，其如大孝何！纵欲为义，其如大义何！天下至重，君臣道悬，岂宜苟相诱引，陷君不德。令、仆已下，可付法官贬之。[9]

当时陆叡为行尚书令。从“令、仆已下，可付法官贬之”的措辞来看，当时上表要求孝文帝北返亲临冯熙葬礼的官员为数不少，对孝文帝构成了一定的舆论压力。而孝文帝对他们进行处罚只是表明迁都决心的一种姿态，实际上仍以安抚为主。陆叡和元丕随后都官复原职并有所升迁。

如此可以设想，若当时就宣布要将冯熙迁葬洛阳的话，必定会引起元丕、陆叡诸人更为强烈的反对。因为此事对平城保守势力的冲击，是远远大于孝文帝是否亲临平城参与冯熙葬礼的。现在既然孝文帝不回平城参加葬礼就已经引起了如此大的争议，说明当时应无将冯熙夫妇灵柩南迁洛阳入葬的公开计划。元丕等人坚持要求孝文帝回平城参加葬礼，正是以冯熙葬于平城为前提的。冯熙的平城葬礼，与冯诞的洛阳葬礼及后来冯熙的洛阳葬礼一起，构成了本文所述的“三场葬礼”。

在冯熙父子之后，太和十九年(495)五月一日，广川王元谐亦卒于洛阳。其后孝文帝与群臣讨论相关葬仪。其中有一项议题即是“广川王妃薨于代京，未审以新尊从于卑旧，为宜卑旧来就新尊?”〔10〕“新尊”指广川王元谐，“卑旧”指广川王妃。这里涉及两个相互关联的问题。

其一，死于新都洛阳的元谐，是葬于新都洛阳，还是归葬旧都平城?

其二，若元谐葬于洛阳，之前已葬于平城的广川王妃，是否亦须迁葬洛阳?

显然这不仅仅是广川王一家的问题，而是迁洛百官及其背后的家族都需要面对的重大课题。这一问题需要进行专门讨论，充分说明孝文帝纵使一意维新，也不能不对代都旧人有所顾虑。

在此背景之下，五月初在洛阳举行的冯诞葬礼就有了极为特殊的意义。据《冯诞墓志》，冯诞于五月四日在洛阳“乾脯山之阴”入葬。乾脯山推测地当汉魏洛阳城东北，与西晋帝陵相邻〔11〕。这一带并不是之后洛阳时代北魏权贵在洛阳北邙的主流葬地，说明孝文帝此时对于葬地的规划尚无明确方案。但无论如何，冯诞是目前所知第一位葬在洛阳的北魏权贵。而且如前所述，冯氏和孝文帝之间不仅是一般的君臣关系，还有着特殊的家族纽带。对去世的冯氏父子而言，孝文帝一定程度上也具有“丧家”的身份。在因孝文帝是否北返平城参加冯熙葬礼和广川王元谐葬地问题而发生激烈争论的关键时刻，孝文帝一方面坚持不回平城，一方面迅速在洛阳主持了冯诞的葬礼，向整个北魏统治集团发出了极其强烈的信号。

太和十九年六月：冯熙的平城葬礼

不过，在以冯诞葬礼的方式向天下宣示定都伊洛决心的同时，孝文帝实际上对平城保守势力仍然有所妥协。《北史·外戚传》记述冯熙死后，“皇后诣代都赴哭，太子恂亦赴代哭吊”。太子恂北返平城的时间可以确定是在太和十九年(495)六月六日〔12〕，约在冯诞葬礼一月之后。临行前元恂入辞，孝文帝叮嘱他到平城后要“展哀舅氏”，显然是孝文帝在严辞拒绝陆叡、元丕等人的要求以后，又派太子作为自己的代表回平城参加冯熙葬礼以示安抚。又说“太师事毕后云云”〔13〕，说明在当时孝文帝的认知之中，冯熙的葬礼应该就在平城结束，并没有迁葬洛阳的计划，至少这一计划并不在孝文帝的公开表态之中。

从太子恂的出发时间可以推测，冯熙在平城的葬礼大概也在六月之内完成。细节如何，限于史料不得而知，相信必然规格极高。事实上《北史·外戚传》所见给予冯熙的赠官、殊礼、美谥等哀荣，也很难判断到底是六月的平城葬礼所得还是十二月的洛阳葬礼所得。在太和十九年(495)五、六月间，孝文帝通过冯诞的洛阳葬礼和冯熙的平城葬礼，在强调迁都决心的同时又不失灵活的给予让步，显示了极高的政治技巧。

在其后发布的关于归葬问题的诏书中，孝文帝这种两面兼顾的政治姿态也有所体现。这一诏书发布于太和十九年(495)六月十九日，《魏书·高祖纪》记载说“诏迁洛之民，死葬河南，不得还北”。这句话常为学者引用来说明孝文帝迁都后一意维新的决绝态度。实际上这只是完整诏书的第一句，其后还附有若干补充条款，如：

> 1. 若丈夫先亡，葬在平城，妻子后死于洛阳，应将妻子运回平城与丈夫合葬。
>
> 2. 若母亲先亡，葬在平城，父亲后死于洛阳，允许将父亲运回平城与母亲合葬。
>
> 3. 若妻子先亡，葬在平城，丈夫后死于洛阳，不得将丈夫运回平城与妻子合葬。
>
> 4. 若父亲先亡，葬在平城，母亲后死于洛阳，允许将母亲运回平城与父亲合葬。[14]

可以看到，这一诏书一方面确立了“迁洛之民，死葬河南，不得还北”的大原则，一方面又公开承诺在某些具体情况下，可以不顾这一原则进行特殊处理，允许将死在洛阳的人送回平城安葬。推测起来，即使在对孝文帝迁都洛阳持支持或不反对态度的人群中，很多人可能也难以接受让父母或夫妻南北异葬。归葬诏书所表现出来的这种妥协性姿态，确实有利于安抚这部分人群，减少迁都本身的阻力。

在这种情况下，像冯熙这样夫妇二人均死于平城者，至少在太和十九年六月十九日诏书发布前后的舆论环境中，根本不可能被列入迁葬洛阳之列。前述六月六日孝文帝派遣太子恂作为自己的代表去平城参加冯熙葬礼，也正是以这样的舆论环境作为前提的。

太和十九年十二月：冯熙的洛阳葬礼

然而冯熙夫妇最终仍然于太和十九年(495)年底迁葬洛阳。冯熙墓志明确记载，冯熙在洛阳入葬的时间是十二月廿六日。由此可推测冯熙夫妇灵柩约十月初乃至中旬从平城出发，十一月中旬到达洛阳。考虑到迁葬诏书从洛阳到达平城及迁葬的准备工作也需要一定时间，孝文帝“开魏京之墓，令〔冯熙与〕公主之柩俱向伊洛”的决定很可能是在九月下达的。

现有史料未留下足够信息说明孝文帝做出这一转变的具体经过，也未留下这一迁葬工作遭到反对的记载。而太和十九年八、九月间，正是洛阳的新都建设取得较大进展的时期。八月廿一日，金墉宫成。廿八日，引群臣历宴殿堂。九月四日，六宫及文武尽迁洛阳[15]。尤其值得注意的是，八月九日，“诏选天下武勇之士十五万人为羽林、虎贲，以充宿卫”。这十五万规模的新禁卫兵力并非来自平城，属于与平城保守势力联系不多的州镇兵，是孝文帝能够可靠掌握的武力[16]。或许是新都建设的成绩和禁卫武力的充实给了孝文帝更大的信心，让他能够对平城做出更为强硬的姿态。将冯熙夫妇迁葬洛阳当然并不意味着要将其他葬于平城者悉数南迁，但至少也是对孝文帝定都伊洛决心更为强烈的宣示，是对六月十九日诏书中“迁洛之民，死葬河南，不得还北”原则的再度强调。毕竟这份诏书中还包含了若干妥协条款，允许丧家在某些条件下自主选择是葬在洛阳还是平城。

太和十九年秋冬冯熙迁葬洛阳之事，其内容不仅是葬地的改变，还包含了新的纪念装置即冯熙墓志的创生。这一点，有赖于冯诞墓志和冯熙墓志的出土方才为我们所知。如前文所述，与沿袭了十六国时期丧葬文化、不具铭辞的冯诞墓志相比，冯熙墓志已然呈现为志题、志序和铭辞皆备的新面貌，产生了质的飞跃。六月在冯熙的平城葬礼中是否制作了墓志不得而知。即使有，推测其面貌也当近于制作于五月的冯诞墓志，而非我们今天所见制作于十二月的冯熙墓志。

事实上，太和十九年五月和十二月，孝文帝虽然在洛阳两度隆重安葬冯诞和冯熙，也都制作了墓志，但冯诞墓志和冯熙墓志在两次丧葬活动所设置的纪念装置中所处的地位却未必是相同的。以下列出《北史》卷八〇《外戚·冯熙传》所见冯诞和冯熙的哀荣待遇：

> 冯诞：赠假黄钺、使持节、大司马，领司徒、侍中、都督，太师、驸马、公如故。加以殊礼，备锡九命，依晋大司马、齐王攸故事。有司奏谥，诏曰："……谥曰元懿。"帝又亲为作碑文及挽歌词……。车驾还京，遂亲至诞墓，停车而哭。
>
> 冯熙：赠假黄钺、侍中、都督十州诸军事、大司马、太尉、冀州刺史，加黄屋、左纛，备九锡、前后部羽葆鼓吹，皆依晋太宰、安平献王故事。有司奏谥，诏曰："可以威强恢远曰武，奉谥于公。"柩至洛七里涧，帝服缞往迎，叩灵悲恸而拜焉。葬日，送临墓所，亲作志铭。

可以看到，父子二人所受哀荣的类别几乎完全一致，包括赠官、殊礼、谥号、皇帝亲临等，最多是程度上有所差别。唯有冯诞这里的孝文帝"亲为作碑文及挽歌词，皆穷美尽哀，事过其厚"，到了冯熙这里变成了孝文帝"送临墓所，亲作志铭"。这说明五月冯诞入葬时，洛阳朝廷丧葬文化中的纪念装置还是以墓碑为中心的。虽然也制作了墓志，但较之墓碑远为边缘，以至于完全无需提及。死于同年五月的广川王元谐，以及六月在平城入葬的冯熙，应该也享受了相近的待遇。而到了十二月底冯熙的洛阳葬礼之上，丧葬文化中墓碑的中心位置就被墓志取代了。这当然已经不是以前的"墓志",而是因引入了铭辞形式而得以升格的新纪念装置。《北史·外戚传》特意以"志铭"称之,也显示在时人眼中冯熙墓志的创新所在。

南朝之风与孝文帝之志

学者多因为《北史·外戚传》中孝文帝"亲作志铭"的记述,认定冯熙墓志为孝文帝所作[17]。虽然孝文帝可能具有较高的华夏文化修养,但我们认为如此面貌和定位的冯熙墓志并非孝文帝所能凭空生造,而是有其渊源所自。毋庸赘言,即是与北魏对立的南朝。自刘宋元嘉十八年(441)颜延之作王球石志以降[18],具备志序和铭辞的新型墓志文化在南朝士族和皇族中迅速扩展。到与孝文帝迁都时间相当的南齐齐明帝即位前后,这种墓志已经成为了南朝精英阶层丧葬文化的标准配置。若对比太和十九年(495)五月制作于洛阳的冯诞墓志和永明五年(487)制作于建康的刘岱墓志,同样于太和十九年十二月制作于洛阳的冯熙墓志,反而明显与后者更为接近,而与前者呈现出鲜明的断裂。

由此可见,太和十九年(495)五月在洛阳举行冯诞葬礼时,孝文帝尚不具备在南朝已经发展了半个世纪的新型墓志文化的相关知识。而到了年底,冯熙墓志就以如此面貌完成并成为冯熙葬礼的重要组成部分。说明在这半年间,孝文帝获得了相关知识，同时这种新知识也得到了孝文帝的认可，并将之应用到了冯熙洛阳葬礼的场合。

王肃女王普贤墓志拓片(局部)

综合考虑多方面的因素，我们推测太和十九年秋冬之际向孝文帝提供南朝墓志新知识的人选，很可能就是迁都之际自南齐逃亡入北的王肃。王肃出身南齐一流高门琅邪王氏。其父王奂及诸子于永明十一年(493)三月为齐武帝所诛，王肃自建康逃亡入北应即在此前后。孝文帝对于王肃给予重用。学者普遍认为，在孝文帝迁都洛阳后推动官制改革时，王肃提供的南朝制度资源起到了重要作用。同样，在冯熙墓志所呈现的南朝墓志面貌中，也可以看到王肃若隐若现的影子〔19〕。

这里需要解释一个时间上的疑问。王肃因家祸北奔在太和十七年(493)三月，为何直到太和十九年(495)五月制作于洛阳的冯诞墓志这里，仍然看不到南朝墓志文化的影响呢？换言之，北魏洛阳时代墓志文化的创生，为何一定要迟至太和十九年十二月在洛阳制作冯熙墓志之时呢？

我们可以从两个方面来回答这一问题。首先，王肃因家祸北奔确实在太和十七年(493)三月，但仔细梳理史料可以发现，他在邺城为孝文帝引见要迟至太和十八年(494)的十一月七日。此年二月孝文帝返平城布置迁都诸事，十月正式南迁，取道河北，先后经过中山、信都、邺城，十一月十九日至洛阳〔20〕。也就是说，从王肃北奔到他第一次为孝文帝引见，中间有长达一年半的间隔期。这段时间王肃的行踪在史料中是空白的。《建康实录》卷一六《魏虏传》载："〔王〕肃初为道人奔虏云云。"〔21〕或许这段时间王肃一直以僧人身份隐匿于南北边境。毕竟北魏方面太和十七年夏天正值孝文帝以南伐名义南下洛阳，天下骚动，而南齐方面到此年底也开始了武帝驾崩后萧鸾辅政并先后废杀郁林王、海陵王最后自立为帝的动荡时期。王肃只身北奔，一段时间内或许并未完全放弃南返的想法。萧鸾正式即帝位在延兴元年即太和十八年十月廿二日，与王肃在邺城见孝文帝的时间存在微妙的重叠。

其次，王肃为孝文帝所引见和重用，并不意味着他即刻就会向孝文帝传播南朝文化。关于二人的初次会面，《魏书·王肃传》渲染了孝文帝对王肃的知遇，号称"器重礼遇日有加焉，亲贵旧臣莫能间也。或屏左右相对谈说，至夜分不罢。肃亦尽忠输诚，无所隐避，自谓君臣之际犹玄德之遇孔明也”。但实际上,孝文帝面对王肃的心态相当复杂,绝非一种学习南朝先进文化的学生心态。

《魏书》中有两个例子非常典型。一例见于《刘芳传》,记载迁都后不久在洛阳华林园举行的宴会上,北魏大臣刘芳与王肃围绕古者男子是否有笄进行了一番辩论,结果王肃为刘芳所折服,而孝文帝“称善者久之”。另一例见于《成淹传》,记载孝文帝君臣路经朝歌时,北魏大臣成淹与王肃进行的一段对话。简录如下:

> 王肃:“故应有殷之顽民也。”
>
> 成淹:“昔武王灭纣,悉居河洛,中因刘石乱华,仍随司马东渡。”
>
> 王肃知淹寓于青州,乃笑而谓淹曰:“青州间何必无其余种。”
>
> 成淹以肃本隶徐州,言:“青州本非其地,徐州间今日重来,非所知也。”

可以看到,成淹与王肃的言辞往复,并非一般的机辩,而有着南北文化竞争的意识在内,颇似在南北朝使者之间发生的谈辩对话。二人的争论由“殷之顽民”的话题引发。王肃开始说朝歌有“殷之顽民”的时候,可能只是在卖弄学识,岂料成淹立即将其上升到了政治高度,言这些顽民在永嘉乱后均逃至东晋南朝了。几个回合下来,王肃自认“辞溺”(故意认输的可能性更大)。结果孝文帝听说此事后,不仅“大悦”,称赞成淹“足为制胜”,甚至还在宴会场合要求王肃将二人对话再给大家复述一遍。其对南朝的正统竞争意识和以汉晋天下国家继承者自居的心态跃然纸上。

入北之初的王肃对孝文帝的这一心态可能把握的还不够到位,但他很快就“进步”了。《洛阳伽蓝记》卷三所载孝文帝与王肃的君臣问答为世人所熟知:

> 肃初入国,不食羊肉及酪浆等物,常饭鲫鱼羹,渴饮茗汁。
>
> 经数年以后,肃与高祖殿会,食羊肉酪粥甚多。
>
> 高祖怪之,谓肃曰:“卿中国之味也。羊肉何如鱼羹?茗饮何如酪浆?”
>
> 肃对曰:“羊者是陆产之最,鱼者乃水族之长。所好不同,并各称珍。以味言之,甚是优劣。羊比齐鲁大邦,鱼比邾莒小国。唯茗不中与酪作奴。”
>
> 高祖大笑云云。〔22〕

身为入北南人的王肃,在饮食习惯方面既有适应也有坚持。但“羊比齐鲁大邦,鱼比邾莒小国”的特意强调,显示了王肃在面对孝文帝“羊肉何如鱼羹?茗饮何如酪浆?”之问时的高度政治敏感。这种政治意识决定了他在孝文帝面前定不会以南朝先进文化的代表者自居,在南朝制度和文化的传播方面也当以谨慎消极和被动响应为主。前述冯诞墓志的面貌即为其证。王肃太和十八年(494)十一月为孝文帝引见，而十九年(495)五月冯诞入葬之时，其丧葬文化及墓志面貌一仍平城之旧。说明直到此时孝文帝仍不了解南朝方面已经流行了半个世纪的新型墓志文化。

到了太和十九年(495)十二月冯熙的洛阳葬礼，冯熙墓志一变为南朝新风。孝文帝应是从王肃处获得了相关知识。可以注意到太和十九年最后两个月，正是北魏洛阳朝廷的制度建设有了重大进展之际。十一月，议定圆丘。十二月乙未朔，引见群臣于光极堂，宣示品令，为大选之始。甲子，引见群臣于光极堂，班赐冠服〔23〕。圆丘祭祀、品令选官、重制冠服，这些以推动北魏向“华夏国家”转型为目标的制度革新，如《南齐书·魏虏传》所言，“王肃为虏制官品百司，皆如中国”，必然有王肃的深度参与。但改制整体的主导者无疑还是孝文帝。

冯熙墓志创生于这一过程之中。如同孝文帝的新官制并非照搬南朝制度〔24〕，我们也不宜把冯熙墓志直接视为南朝墓志文化的传播产物，而应理解为孝文帝君臣的共同创造。而《北史·外戚传》中孝文帝“亲作志铭”的记录，或许也有一种文化竞争的意识在内。刘宋孝武帝在大明年间即已有为宗室“亲作墓志铭及序”之事〔25〕，后来的齐梁陈君主更是多见。能够撰作符合南朝精英文化标准的墓志铭，无疑有利于展现孝文帝“华夏式”君主形象的一面。

孝文帝与“冯熙墓志时刻”

至此，我们可以对本文开头提出的问题做出回答。北魏洛阳时代墓志文化的创生，是在孝文帝的主导下，于太和十九年(495)年底以冯熙墓志为标志完成的。但这并非孝文帝迁都洛阳后的自然产物。事实上，这一年五、六月间孝文帝尚为弥合新旧而苦心经营，冯诞的洛阳葬礼和冯熙的平城葬礼南北分行，其中都还看不到后来洛阳时代墓志文化的因素。但其后以王肃为媒介引入包括新型墓志文化在内的南朝制度资源后，孝文帝的改革进程骤然加速。已在平城入葬的冯熙又被迁葬洛阳，具备南朝新风且由孝文帝“亲作志铭”的墓志，在他的第二次葬礼上扮演了核心性纪念装置的角色。北魏洛阳时代的墓志文化，可以说正创生于这一“冯熙墓志时刻”。

事实上，尽管有孝文帝的刻意标榜和推动，新型墓志文化在北魏精英社会的普及还是需要一个过程。如太和二十年八月，南安王元桢死于邺城，十一月“及葬，又赐帛千匹，遣黄门郎监护丧事”〔26〕。元桢墓志是冯熙墓志之后最早的北魏墓志，也是最早的皇子墓志，其面貌与冯熙墓志非常相似(包括嵌入式家系书写)，应该是孝文帝给予重视的结果。而元桢作为景穆帝子，被孝文帝以“族祖”视之〔27〕。那么在此也可以看到孝文帝的丧家意识。同样是死于太和二十年的

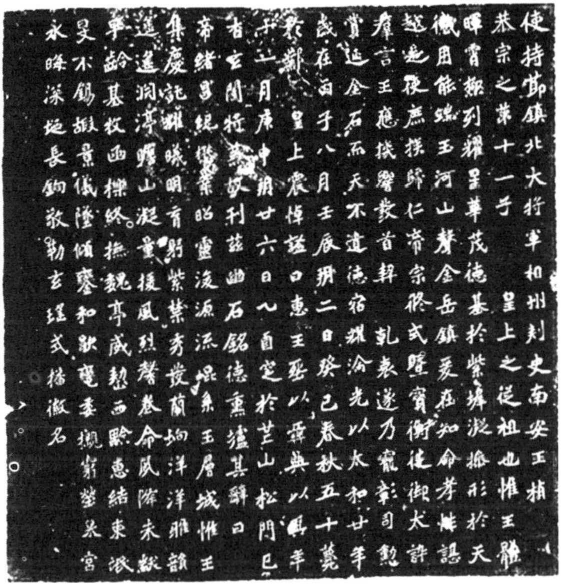

太和二十年(496)元桢墓志拓片

高道悦，由其子归葬渤海，后又于神龟二年(519)改葬。改葬时制作的《高道悦墓志》言“昔太和之世，圹内有记无铭。今恐川壅翻移，美声湮灭，是以追述徽猷，托晰壤阴”[28]；同时制作的《高道悦妻李氏墓志》言“亡考常侍使君，以太和中薨，虽先有铭记，而陈事不尽。令以荼蓼重被，沈扃再阐。旧山停水，改卜漳东。因此动际，追立志序云云”[29]。可以知道太和二十年高道悦入葬之时丧家也制作了墓志，但前者“有记无铭”说明其不具铭辞[30]，后者“先有铭记，而陈事不尽。……因此动际，追立志序”则说明志序亦无，恐怕只是如北魏前期墓志般简单记录志主姓名、官职和卒葬信息。因为被太子恂所杀，高道悦也从孝文帝那里得到了“赠散骑常侍、营州刺史，谥曰贞侯，兼赐帛一千匹，并遣王人监护丧事”的高规格哀荣待遇，但显然并未将制作冯熙墓志风格的新型墓志纳入在内。

太和廿三年(499)四月一日，孝文帝卒于南伐前线，五月入葬长陵[31]。学者指出北魏墓志的定型要迟至迁都十数年后的宣武帝永平年间(508—511)[32]。之所以如此，正是缘于“冯熙墓志时刻”中的孝文帝，其身份既是“皇帝”，亦为“丧家”。他对墓志这一新型纪念装置的利用，更多的是一种表率，而非制度性的强制。北魏洛阳时代的墓志文化，由复数的丧家在对孝文帝“亲作志铭”的模仿中逐步互动发展而来，与南朝的墓志文化相异成趣。

《冯熙墓志》录文(阿拉伯数字表示行数，○表示空格，□表示无法释读)：

01. 太师京兆郡开国冯武公墓志铭

02. 太师京兆郡开国公，姓冯，讳熙，字晋国。冀州长乐

03. 郡信都县人。毕公高之苗裔，燕昭文○皇帝之孙，

04. 大魏太宰燕宣王之中子，○景穆皇帝之婿，○○

05. 文明太皇太后之兄，○显祖献文皇帝之元舅也，

06. 又为国之外舅矣。惟公含刚健之秀气，体慈顺以

07. 苞神。武则震眩商收，仁焉暄盱生景。遭家圮运，鸿

08. 渐西沼。○睿后康基，或跃代渊。绍堂构于一朝，辉
09. 修业乎来祀。孝光家远，道蔼国遥。精悟玄幽，冲尚
10. 微洞。钦觉归和，识超欲津。福履未钟，星宇隧戾。以
11. 太和十九年岁在乙亥正月辛未朔廿四日甲午，
12. 年五十有八，薨于代平城第。谥曰武公。其年十二
13. 月庚申，窆于河南洛阳之北芒。其辞曰：
14. 琼光肇姬，琇业阐晋。凝冯命姓，升燕祚胤。金风荡
15. 悦，兰云周震。气陵霜飙，慧□曦巾。出牧均姜，实恬
16. 民吝。入台同郑，寔融大顺。联芳○睿妣，〔携〕耀○坤
17. 镇。承灵国娅，深基迭峻。道逸囊华，望腾时儁。渟渟
18. 渊照，锵锵玉韵。上玄泯宝，川辍瑶烬。歼神冥垆，含
19. 痛镌问。

《冯诞墓志》录文（阿拉伯数字表示行数，○表示空格，□表示无法释读）：

01. 太和十九年□□□□□□□□[33]辛酉，侍中
02. 都督中外诸军事□□□□□骑大将军太
03. 子太师驸马长乐郡开国公冯君诞，字思正，
04. 春秋廿有九，侍征道病，薨于淮南钟离之故
05. 城。厥明大敛，又厥明，辁辖北济，三月廿五日
06. 还暨乎洛京。有○诏追赠使持节、假黄钺、大
07. 司马，领司徒、侍中、都督、太师、驸马、公如故。典策备
08. 物，依晋齐王攸故事。谥□懿，礼也。五月四日

09. 壬申,葬于乾脯山之阴。□本则冀壤长乐信

10. 都,今实河南洛阳。婵嫣〔姬〕周,流于冯乡。中叶

11. 建国,寔曰有燕。于皇魏〔则〕○文明太皇太后

12. 兄太师京兆郡开国公之元子,母曰博陵长

13. 公主。幼以贵戚聪令,入〔侍〕禁幄。宽雅凝粹,姿

14. 仪秀伟。年志协于辰御,居游契乎轩禁。少尚

15. 懿主,妹登后位。德勋日□,□秩日隆。生荣亡

16. 哀,古今罕二。固以昭被图纪,光勒碑表矣。是

17. 用略诸玄志,犆铭泉堂云。○○○○葬日建。

原刊《文汇报·文汇学人》2018年7月20日。详参拙文《冯熙墓志与北魏后期墓志文化的创生》(《唐研究》23卷,2017年)。

注释

〔1〕参见逯耀东:《北魏孝文帝迁都及其家庭悲剧》,收入氏著《从平城到洛阳——拓跋魏文化转变的历程》,北京:中华书局,2006年;何德章:《论北魏孝文帝迁都事件》,收入氏著《魏晋南北朝史丛稿》,北京:商务印书馆,2010年;张金龙:《北魏政治史》第九卷《孝文帝时代(476—499)下:政治文化改革》,第三章《迁都与巡察》,兰州:甘肃教育出版社,2008年;松下憲一:《北魏胡族体制论》,第四章《迁都洛阳》,札幌:北海道大学出版会,2007年;罗新:《漫长的余生:一个北魏宫女和她的时代》,北京:北京日报出版社,2022年。

〔2〕殷宪《大同新出北魏墓砖四种简述》指出:“北魏平城时期拓跋

宗室以及其部落联盟中的所谓代人,葬无墓志,而东来的慕容燕、冯燕旧臣、西来的秦凉投化客则有简陋的砖铭志圹。”载《书法丛刊》2009 年第 4 期,收入氏著《平城史稿》,北京:科学出版社,2012 年,第 155—157 页。

〔3〕参见窪添慶文:《墓誌の起源とその定型化》《遷都後の北魏墓誌に關する補考》,皆收入氏著《墓誌を用いた北魏史研究》,东京:汲古书院,2017 年;梶山智史:《北魏における墓誌銘の出現》,《駿臺史学》第 157 号,2016 年。

〔4〕参见赵君平:《魏孝文帝撰〈冯熙墓志〉考述》,《河洛文化论丛》第 5 辑,北京:国家图书馆出版社,2010 年;李风暴:《北魏〈冯熙墓志〉考评》,《中国书法》2010 年第 6 期;赵君平、赵文成编:《秦晋豫新出墓志搜佚》,北京:国家图书馆出版社,2011 年,第 13 页;刘连香:《北魏冯熙冯诞墓志与迁洛之初陵墓区规划》,《中原文物》2016 年第 3 期,后收入氏著《民族史视野下的北魏墓志研究》,北京:文物出版社,2017 年。

〔5〕《北史》卷八十《外戚・冯熙传》,北京:中华书局,1956 年,第 2678 页。

〔6〕参见《魏书》卷七下《高祖纪下》,北京:中华书局,1974 年。

〔7〕参见窪添慶文:《遷都後の北魏墓誌に關する補考》,第 88 90 页。

〔8〕《魏书》卷四十《陆俟传附陆叡传》,第 912—913 页。

〔9〕《北史》卷一五《魏诸宗室・元丕传》,第 555 页。

〔10〕《北史》卷一九《文成五王传・广川王略传附元谐传》,第 685 页。

〔11〕参见刘连香:《北魏冯熙冯诞墓志与迁洛之初陵墓区规划》,第 86—87 页。佐川英治《南北朝新出土墓志的实地考察》也认为乾脯山当在汉魏洛阳城东边隋代偃师县范围,载《早期中国史研究》4-1, 2012 年,第 166 页。这也与赵君平、赵文成编《秦晋豫新出墓志搜佚》所记的两方墓志出土地“河南省洛阳

市孟津县与偃师市交界处”相合。

〔12〕《魏书》卷七下《高祖纪下》,第177页。

〔13〕《北史》卷一九《孝文六王传·废太子恂》,第713页。

〔14〕参见《北史》卷一九《文成五王传·广川王略传附元谐传》,第685页。

〔15〕《魏书》卷七下《高祖纪下》,第177—178页。

〔16〕参见何德章:《论北魏孝文帝迁都事件》,第17—18页。

〔17〕李凤暴《北魏〈冯熙墓志〉考评》甚至推测墓志为孝文帝亲笔书丹。

〔18〕《南齐书》卷十《礼志》,北京:中华书局,1972年,第158—159页;《南史》卷一一《后妃传》,北京:中华书局,1975年,第330页。

〔19〕参见窪添慶文:《遷都後の北魏墓誌に關する補考》,第93页;梶山智史:《北魏における墓誌銘の出現》,第40—42页。

〔20〕孝文帝的以上行程俱见《魏书》卷七《高祖纪》。

〔21〕许嵩撰、张忱石点校:《建康实录》,北京:中华书局,1986年,第648页。

〔22〕周祖谟:《洛阳伽蓝记校释》,北京:中华书局,1963年,第125—126页。

〔23〕《魏书》卷七下《高祖纪下》,第178—179页。

〔24〕参见阎步克:《品位与职位:秦汉魏晋南北朝官阶制度研究》,第七章《北魏对萧梁的官阶制反馈》,北京:中华书局,2002年,第360—409页。

〔25〕《宋书》卷七二《刘宏传》载大明二年宏死后,孝武帝“痛悼甚至”,至于“自为墓志铭并序”(第1860页)。

〔26〕《魏书》卷一九《景穆十二王传·南安王桢》,第495页。

〔27〕《北史》卷一九《孝文六王传·废太子恂》,第713页。

〔28〕毛远明校注:《汉魏六朝碑刻校注》,北京:线装书局,2008年,第5册,第3—5页。

〔29〕高道悦妻李氏墓志,拓片见山东省石刻艺术博物馆编:《山东石刻艺术选粹·历代墓志卷》,杭州:浙江文艺出版社,1996年;北京大学图书馆金石组胡海帆、汤燕编:《1996—2012北京大学图书馆新藏金石拓本菁华》,北京:北京大学出版社,2012年,第82页。录文见梶山智史:《稀見北朝墓誌輯録》,明治大學東アジア石刻文物研究所编:《東アジア石刻研究》第5号,2013年,第129—130页。

〔30〕参见马立军:《北朝墓志文体与北朝文化》,北京:中国社会科学出版社,2015年,第62页;梶山智史:《北魏における墓誌銘の出現》,第28—29页。

〔31〕《魏书》卷七下《高祖纪下》,第185页。

〔32〕参见窪添慶文:《墓誌の起源とその定型化》,第31—37页。

〔33〕此处残损八字,刘连香文推测最后二字为"二月"。但如此前六字难以填补。仔细观察拓片,第一字似以横笔起始,且位置偏中,"二"的可能性较大。窪添慶文《遷都後の北魏墓誌に關する補考》推测此八字为"二月庚子朔廿二日",可从。

二重奏：北魏后期墓志文化一瞥

引　言

近年北朝史研究的繁荣很容易被归因于墓志的大量出土、整理和应用。如同简牍之于秦汉史研究，敦煌吐鲁番文书之于唐代史研究，北朝墓志的“一手史料”性质也因此被无限放大，成为北朝史研究的“预流”门槛。不过有两个悖论式的现象值得我们注意和思考。

其一，北朝墓志的核心史料群在1949年之前就已经陆续出土和公布了，并集中体现于赵万里《汉魏南北朝墓志集释》一书中[1]。但这并未造成北朝史研究的繁荣现象。甚至在赵超《汉魏南北朝墓志汇编》出版后[2]，虽然有了更为方便利用的录文，但当时的北朝史研究相对于魏晋南朝史研究的活跃局面似乎也还没有特别明显。这一活跃局面应是进入21世纪后多种学术脉络和社会情势交错发展累积的结果，不能单纯归因于墓志史料的存在与增加。

其二，经过科学考古发掘工作出土的北朝墓志数量很少，大多数北朝墓志均为盗掘所得。这一常为学者痛心疾首的现象不仅存在于1949年之前,在近二十年反呈愈演愈烈之势。多数北朝墓志仅有拓片发表。原石即使没有不知所踪,其所容身的墓葬环境也已消失殆尽。然而有趣的是,相关考古信息的缺失并未影响墓志为北朝史研究的繁荣提供养料。这与东晋南朝史研究的推进高度依赖考古成果形成了鲜明对比。这似乎暗示我们,北朝墓志与其所容身的墓葬环境之间,是否本就存在某种剥离的倾向?

得益于在北大读书时罗新、叶炜等诸位老师的引领,我对北朝史的研究也起步于墓志材料。迄今有如下六篇小文发表:

1.《北魏郑平城妻李晖仪墓志补释》,《纪念西安碑林九百二十周年华诞国际学术研讨会论文集》,北京:文物出版社,2008年;后改题《新出北魏〈李晖仪墓志〉与魏收〈魏书〉:北朝外戚书写的一个断面》,收入拙著《中古时代的历史书写与皇帝权力起源》,上海:上海古籍出版社,2012年初版,2017年新版。

2.《从"异刻"现象看北魏后期墓志的"生产过程"》,《复旦大学学报(社会科学版)》2011年第2期;大幅修改后收入余欣主编《中古时代的礼仪、宗教与制度》,上海:上海古籍出版社,2012年。

3.《北魏元融墓志小札》,(台湾)《早期中国史研究》第4卷第2期,2012年;后收入余欣主编《存思集:

中古中国共同研究班论文萃编》,上海:上海古籍出版社,2013年。

4.《元渊之死与北魏末年政局——以新出元渊墓志为线索》,《历史研究》2015年第1期。

5.《新出北魏长孙忻墓志疏证》,(台湾)《早期中国史研究》第8卷第1期,2016年。

6.《冯熙墓志与北魏后期墓志文化的创生》,《唐研究》第23卷,2017年。

其中也不乏从单方墓志考释切入的论文。不过可能与前述两个悖论式现象的潜意识存在有关,在关心墓志材料为北朝史研究所能提供的具体历史信息的同时,"应该如何理解、定位北朝历史世界中的墓志"这一疑问,始终在心中挥之不去。这一疑问不能解决,我们对北朝墓志材料的利用就只能陷于碎片化的境地。而学界对此并无现成答案。故在上述论文中,也围绕这一疑问做了一些探索。限于学力,主要关注北魏后期即孝文帝迁洛后的墓志文化。以下试从"历史书写"的执着、"异刻"所见"生产过程"和墓志文化的创生三个方面,对目前的收获略作申述。

"历史书写"的执着

北魏后期墓志文本中包含了巨量的"历史书写"。或者反过来说，历史书写是北魏后期墓志文本的核心特征之一。即在“客观”的姓名、郡望、历官、卒葬等信息之外，北魏后期墓志中还有相当篇幅用于书写志主生平事迹，而这种书写又是相当个性化的[3]。

试以《元融墓志》和《元渊墓志》为例。二人同为北魏宗室重臣，皆于孝昌二年(526)下半年死于六镇镇民在河北的叛乱领袖葛荣之手。但洛阳朝廷认定元融为战殁，元渊为降贼，各有奖惩。试对比两方墓志关于死亡和哀荣的叙述：

《元融墓志》：及亲御六军，躬行九罚，除公卫将军，迁车骑将军，领左将军，与前军广阳王先驱遄迈，讨定州逆贼。相持积旬，指期龛殄，季秋之末，蚁徒大至，并力而攻。公部分如神，容无惧色，虽田横之致士命，臧洪之获人心，弗能过也。但以少御多，莫能自固，锋镝乱至，取毙不移。古之轻生重节，亡身殉义，复何以加焉。贼帅以公德望隆崇，威名震赫，不敢久留营垒，厚送而还。二宫动容于上，百僚奔走于下。给东园秘器，朝服一具，衣一袭，赙物八百段。追赠使持节、侍中、司空(复进司徒)、都督雍华岐三州诸军事、车骑大将军、领雍州刺史，王如故。特加后部鼓吹。

《元渊墓志》：又以赵魏倒悬，冕旒旰食，将相在躬，安危注意。复授使持节、骠骑大将军、仪同三司，兼尚书仆射、东北道行台。即领前军，余官仍本，增邑八百户，

> 给后部鼓吹。遂纵金开敌，投骨噬犬，行已有业，许其成务。但以尚想雁门，愿言昌邑，从中制外，有所未遑。拥市人以先驱，临散地而后殿。慨垂翅于既往，思奋翼于将来。实秉贯日之诚，横有改书之谤。恐金縢之未开，欲布车以就闲。而天地无心，豺狼得志，衔须未因，推墙奄及，春秋卌有二，以孝昌二年岁在丙午十月丁卯朔二日戊辰，薨于瀛洲之高阳郡界。于是内外士女，远近华夷，莫不泣涕捐珠，行哭罢市。惟王孝通神明，仁及草木，忠为令德，义成独行。……但濡足授手之业，乃勤王而未成。崩维折桂之祸，竟道穷而奄至。

前者对志主牺牲事迹和朝廷哀荣的大肆张扬与后者相关叙述的遮遮掩掩形成了鲜明对比，也正与二人在当时不同的政治境遇相对应〔4〕。可以想象，后世读者看到《元渊墓志》的叙述时是不知所云的，而当世朝野诸君——无论其对元渊的政治态度如何——则对其中的曲折微妙了然于心。北魏后期墓志中所见“历史书写”的预设读者应在当世。或者反过来说，正因为北魏后期墓志的预设读者是在当世，才使其文本呈现出执着于历史书写的特征。

这种对“历史书写”的执着是墓志史料能够大幅推进北朝史研究的基础。但学者似乎多将其作为一个不言自明的前提，而很少去追问这种现象的发生是否自然？实际上，迁洛初期出现的较早期北魏墓志，如《冯熙墓志》《元桢墓志》

等,尽管在引入南朝新风后与平城时代的旧传统形成了鲜明断裂(详后),但其中个性化历史书写的篇幅并不多。这一特征是在洛阳时代伴随着墓志的定型化[5]逐渐发展出来的。

罗新先生曾通过对比《黄法氍墓志》和《陈书·黄法氍传》的行文相似,指出:

> 南朝由朝廷出面营葬的王公贵族,其墓志的撰写一般也就是由秘书省诸著作或相关人员来承担,这些人所依据的资料,只能是秘书省原有的档案(名臣传、功臣传之类),所以在名号、称谓、生平等等方面,是符合有关规定的,这与北朝墓志很不一样。[6]

这段深刻的文字构成了我思考北朝墓志问题的起点。南朝这种由朝廷出面营葬的高规格墓志"与北朝墓志很不一样",究竟如何不一样?我以为正在于北朝墓志的书写主体不是官方机构,而是独立的"丧家"。这里的丧家不仅是志主的亲族,也包括了故吏在内,是一种双重意义上的"政治团体"。

北朝墓志的主体即志序与铭辞一般是丧家委托文士来完成的,但其基础应来自丧家提供的"行状"。北朝文献史料所见行状多与赠官和定谥有关。墓志亦以行状为基础的直接证据,来自正光五年(524)的《元昭墓志》:

孝文皇帝即位舉司州茂才玉振天京金聲帝邑太和年中貢昂业園遊旌招士呂君榮量
淵華委呂綉衣之任俄遷為主文中散殿中郎中非其情頗聊從容自得尋除員外散騎常
侍尚書右丞兼宗正少卿尚書左丞加平遠將軍直繩二轄肅穆卿軒規違矩濁端右資氣
卧龍之威賓懿今日至性自忠孝深難測永平三年中丁　太妃憂泣血苫蘆遂縈罔塞之
疾故天縱之斯患漸損自皇輦南徙帝宅茲洛北朔沙著聞道稍迴即日名入面奉帝勅呂
翁忠果風彰威惠早著服內屈翁北藉大使與請懇懃泣盡繼血辭不獲免制哀從權詔呂
本官持節兼散騎常侍北藉行臺巡省州鎮式將皇風宣融帝訓澤等春陽恩同造化遂使
獫狁懷仁烏夷慕義邊庭息羽檄之文上國絕涇陽之慮此君之略也旋軫未幾除給事黃

元昭墓志拓片(局部)

> 君讳昭，字幼明，河南洛阳人也。……太和年中，贲帛丘园，游旌招士。以君策量渊华，委以绣衣之任。……永平三年中，丁太妃忧。泣血苫庐，遂萦胸塞之疾。故天纵之，斯患渐损。自皇舆南徙，帝宅崧洛，北朔沙蕃，闻道稍迥。即日召入，面奉帝敕，以翁忠果夙彰，威惠早着，服内屈翁北箱大使。哭请殷勤，泣尽继血。辞不获免，割哀从权。……于时武帝登遐，圣躬晏驾。遗敕无闻，顾命靡托。君明眸在官，张胆莅事。效等刘章，勋齐平勃。扶危定倾，安全社稷。鸣驺天府，直笔百僚。……时缙绅嫉君能，衣冠妬君美。遂萋菲交构，收君封爵。君得之不愔，失亦无怨云云。

可以看到，就《元昭墓志》的整体叙述而言，对志主的称谓以中性色彩的敬称“君”为主。事实上，这也是中古墓志的基本叙述特征，显示出志文作者刻意保持与丧家的距离，意欲营造一种客观与中立的氛围。但其中却不甚和谐的夹杂了两处以“翁”为称的地方——“以翁忠果夙彰”与“服内屈翁北箱大使”。考虑到“翁”在北魏后期常被作为对家族内部的长辈尤其是祖父与父亲的尊称，这里夹杂了两处“翁”字的一段文字，当来自元昭死后丧家所撰之行状。行状既为“臣子”为“君父”所撰，自可以“翁”为称。而文士受托撰写志文时，需要尽将“翁”改为“君”，以成墓志之体。可能是出于一时疏忽，余下两处未改，而丧家亦未觉察，遂径行付刻〔7〕。

“行状”的存在可以进一步说明，北魏后期墓志的制作主体是志主所在的“丧家”这一独立的政治团体，而非代表朝廷权威的官方机构。公私之间，冲突的情形并不罕见。北魏后期墓志中屡见丧家不守朝廷公制，以私意刻入墓志的情形，尤以宗室墓志为甚。典型表现如平文帝子孙的墓志坚持“太祖平文皇帝”之称，而不顾其时北魏宗庙中的“太祖”已改为道武帝〔8〕。前述《元渊墓志》于孝昌三年(527)被书写付刻之际，正值胡太后朝廷认定元渊“有异志”且降附葛荣叛军，对广阳王家实行了褫夺王爵的严厉处罚。对此主流舆论，广阳王家以墓志中的隐晦不语——另一种形式的历史书写——表达了沉默的抗争。

值得注意的是，墓志文化在北魏政治社会的流行，与纪传体国史的修撰〔9〕大体同步，都在孝文帝迁都洛阳之后的十几年内。北魏后期“丧家”所代表的精英政团之多元性，既表现于墓志文本对历史书写的执着，又表现于对纪传体王朝史修撰的强烈参与感。魏收在北齐修《魏书》时之所以被诟病为“秽史”并引起轩然大波〔10〕，根本原因或在于此。河阴之变后“国史自邓渊、崔琛、崔浩、高允、李彪、崔光以还，诸人相继撰录，綦儁及(山)伟等谄说上党王天穆及尔朱世隆，以为国书正应代人修缉，不宜委之余人，是以儁、伟等更主大籍”，也可以从这个角度来获得新的理解。

在一些个案中，我们可以看到纪传体王朝史中的历史书写如何因应政治形势的变动而有所回应。前述广阳王家在孝昌三年(527)因元渊被朝廷认定降贼而受到惩处,《元渊墓志》也对此隐晦不言。但翻看《魏书》卷十八《太武五王传》中的元渊部分,却充斥着对其所谓“降贼”言论的辩驳与回护。这其实是自河阴之变乃至高欢上台后重新得势的广阳王家对国史书写施加政治影响的结果。而胡太后时代认定元渊“降贼”的主流舆论,此时只能转入如永安三年(530)《元液墓志》的个别历史书写之中,反而成为了潜流[11]。

又如《魏书》卷六三《王肃传》载“父奂及兄弟并为萧赜所杀,肃自建业来奔,是岁,太和十七年(493)也”,之后即言“高祖幸邺,闻肃至,虚襟待之,引见问故”,似乎王肃和孝文帝的第一次见面就在他北奔后不久。但经过仔细分析可以确定,孝文帝引见王肃要迟至太和十八年(494)十一月七日后。从王肃北奔到他第一次为孝文帝引见,中间有长达一年半的间隔期。这段时间王肃的行踪在史料中是空白的,很可能一直隐匿于南北边境地带。《魏书·王肃传》刻意强调“是岁,太和十七年也”,实际上有掩盖此点的意图[12]。这种历史书写,应该也是出于北奔琅邪王氏的其他成员(如王诵、王衍)在北魏纪传体国史修撰过程中施加影响的结果。

因此,相比其他历史时期,北魏后期墓志相对纪传体王朝史的“发言权”要大得多。这不仅仅缘于墓志更为接近历史现场,与纪传体王朝史相比具有更强的“一手史料”性质;也是因为北朝纪传体王朝史的修撰,在各个历史阶段均受到复数政治团体的多方面影响。就这一角度而言,与墓志的同质性甚高。我们对北朝墓志的认识与利用，确实不能简单停留于所谓“补史”“订史”[13]。

“异刻”所见“生产过程”

在“历史书写”之外，还有一种现象颇有助于理解北魏后期墓志文化的特质，即“异刻”。这里所谓的“异刻”，不是指在墓志定型化之后所出现的非典型或不标准的墓志，而是在同一方墓志之内所出现的“非正常”刻写。毋庸赘言，今天所见的大多数北朝墓志，都是一种完美“成品”的状态，刻写工饬，分布均匀。这说明在时人眼中，一方“正常”的墓志当即如是。但即使原石不可得，通过仔细观察墓志拓片，对比墓志内容的前后叙述，还是能够捕捉到为数不少的“异刻”痕迹[14]。

从以上定义出发，以北魏后期墓志为对象，可以整理列出八类异刻现象。

(1) 左方留白。即墓志左方出现了较大面积的空白。少则四五行，多则十五六行，其所占志石面积有多达 1/2 甚至 2/3 者。

(2) 志尾挤刻。即整个墓志基本都是按照志石行款规定最大容字数均匀书写的，只有在左方的志尾部分以“挤刻”形式容纳了超量的文字。

(3) 志题挤刻。即在一行的志题空间中刻入了超出志石行款最大规范容字数的内容。

(4) 志题省刻。即在志题中省略部分信息，或以简练形式出之，导致在志题下方会出现一段空白。

(5) 志题记历官、志文记赠官。就北魏后期墓志的正常书写而言，在志题与志文结尾会分别出现两次基本保持一致的赠官记录。但个别墓志志题部分记录的是志主历官，而非其后志文中所叙述的赠官。

(6) 志题记历官、后补刻赠官。个别墓志志题亦仅记志主历官，其后通篇志文不见赠官记录，却在某一空白处以小字刻写了所得赠官。

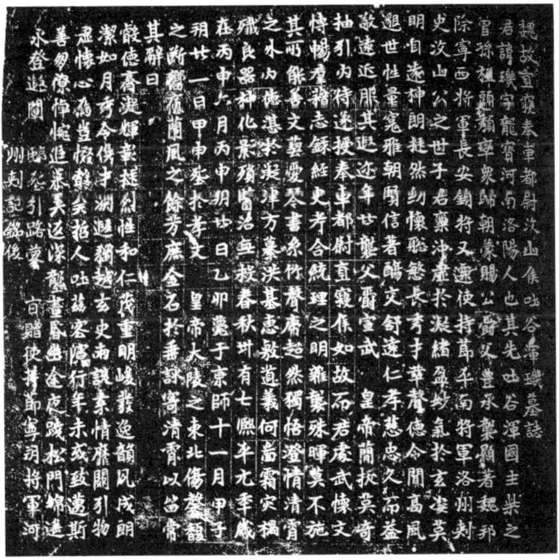

熙平元年(516)吐谷浑玑墓志拓片

(7) 谥号空位。即在志题或志文结尾处当有谥号处，空出一至二字的空格不书。

(8) 谥号补刻。在志题或志文某处补刻谥号。

前文以北魏后期墓志文本对“历史书写”的执着，说明墓志制作的主体是作为独立政治团体的丧家。而上述“异刻”现象的存在，则说明墓志这种以死者个人为书写对象、以丧家为制作主体的圹内之物，在北魏后期的精英社会中绝非一种“私密性”的文本，而是充满了各种权力关系的参与和介入。一方精美的正常墓志显示了这些权力关系所达成的平衡状态。而墓志中异刻现象的存在，可以视为这种平衡状态因某种原因被打破时所留下的痕迹。我们正可以借此讨论在北魏后期的精英社会之中，一方墓志需要经历怎样的过程，才能呈现为今天所见的实存样态？有哪些权力关系，以怎样的方式介入到了这一进程之中，又发挥了怎样的社会功能？笔者将此称之为墓志的“生产过程”，以区别于学者以往关注的“撰写过程（文本层面）”或“制作过程（物质层面）”〔15〕。

北魏后期墓志的“生产过程”，具体而言应包涵了如下几个层面：

(1) 丧家撰写“行状”。

(2) 丧家委托文士根据“行状”撰写志序与铭辞。

(3) 丧家购置志石。志石或有已预先划好罫线从而限定字数的场合[16]。

(4) 丧家为死者向朝廷请赠,包括赠官与谥号。

(5) 丧家委托石工将墓志文本上石。

需要注意的是,这五个层面并非全然是先后关系。每个层面行动的发动者皆为丧家,但除了"行状"由丧家自行撰写之外,其他四个层面均需委托他者完成,包括文士、凶肆、朝廷、石工。在葬日早已由术士"卜吉"确定的前提下,其中任何一个环节出现进度或者配合上的问题,都很容易因来不及修正而导致前述"异刻"现象的出现。

前述八种"异刻"现象,多数与赠官和谥号有关,显示其为北魏后期墓志的重要构成要素,得到丧家的极大重视。但这类来自朝廷的政治资源难以为丧家所完全把握,丧家的请赠活动往往持续相当长的时间,且反复多次。尽管并非墓志制作的行为主体,北魏后期的朝廷仍然以其特有的方式参与了墓志的生产。可以认为在北魏后期,墓志的社会功能,绝不仅止于对死者的纪念与哀悼。从一定意义上来说,墓志的生产过程,也是其时洛阳精英社会中日常政治的一环。丧家所在的政治团体,借由这一过程对自身在社会权力网络中的位置感进行确认与强化,与前节所述"历史书写"在墓志文本和史学文本上的活跃表现异曲而同工。

墓志文化的创生

以上讨论了墓志作为一种成熟的文化装置，在迁都洛阳后的北魏精英社会中所发挥的作用。从“历史书写”和“生产过程”两个方面，我们可以充分认识到，虽然最终形式上被置于墓葬之内，无法产生如石碑一般的“政治景观”效果[17]，但北魏后期墓志与外面的政治社会仍然有着千丝万缕的联系。当世精英对墓志的这一定位十分清楚，为之孜孜以求，倾力经营。

不过同时，北朝墓志文本中确实又存在着以地下和后世为预设读者的措辞。如正始元年(504)《元龙墓志》:“今重启幽延，聿遵合骨，故刊石玄泉，式扬不朽。其辞曰云云。”孝昌元年(525)《元焕墓志》:“哀日月之永昧，痛玄夜之不旸，镌声影于斯石，庶万古而无亡。乃作铭曰云云。”太昌元年(532)《元顼墓志》:“舟壑徂迁，丘陵迴徙，白楸若见，青编未毁。乃作铭曰云云。”除非没有铭辞，否则就是标配。这类措辞在墓志文本中的位置和文脉都与后面的铭辞部分前后连接，应视为一整套文体结构的完整表现。

应该如何理解北魏后期墓志中存在的这种“二重奏”呢?欲解答这一问题，需要回到孝文帝迁都伊始的太和十九年(495)年底的“冯熙墓志时刻”，才能看清后来墓志已经趋于圆融的面貌中混合的异质元素。

冯熙墓志据说2007年出于洛阳,次年其子冯诞的墓志亦被发现,当然均为盗掘。此前所知时代最早的迁洛后墓志是制作于太和二十年(496)的元桢墓志。冯熙墓志和冯诞墓志则制作于更早的太和十九年。前者葬于十二月,后者葬于五月。尽管入葬时间仅相隔半年有余,两方墓志在面貌上却有着本质性的差异。

冯诞墓志既无志题,亦无铭辞。墓志全文以时间、地点、姓名、身份等具体信息的记录为主,少见文学性的表现。以“卒日+官爵+姓名”起首的书写方式,多见于北魏平城时代的墓铭、砖铭类出土品,基本还是属于北魏前期继承了十六国时代传统的墓志文化。而冯熙墓志有独立的志题“太师京兆郡开国冯武公墓志铭”,其后的内容由志序和铭辞两大部分构成。志序遵循了姓名、郡望、家系、经历、品德、死亡、丧葬这样的经典顺序。而铭辞部分不仅由文学性颇高的四字韵文组成,其内容也是按照出身、经历、品德、死亡、埋葬、悼念这样的经典顺序,完成与志序的对应叙述。

以铭辞作为正当组成的墓志,是南朝建康的精英社会在刘宋元嘉十八年(441)以降发展出来的新纪念装置。若对比太和十九年(495)五月制作于洛阳的冯诞墓志和南齐永明五年(487)制作于建康的刘岱墓志,同样于太和十九年秋冬制作于洛阳的冯熙墓志反而明显与后者更为接近,而与前者呈现出鲜明的断裂。

事实上，太和十九年五月和十二月，孝文帝虽然在洛阳两度隆重安葬冯诞和冯熙，也都制作了墓志，但冯诞墓志和冯熙墓志在两次丧葬活动所设置的纪念装置中所处的地位却未必是相同的。以下列出《北史》卷八〇《外戚·冯熙传》所见冯诞和冯熙的哀荣待遇：

> 冯诞：赠假黄钺、使持节、大司马，领司徒、侍中、都督，太师、驸马、公如故。加以殊礼，备锡九命，依晋大司马、齐王攸故事。有司奏谥，诏曰："……谥曰元懿。"帝又亲为作碑文及挽歌词……。车驾还京，遂亲至诞墓，停车而哭。
>
> 冯熙：赠假黄钺、侍中、都督十州诸军事、大司马、太尉、冀州刺史，加黄屋、左纛，备九锡、前后部羽葆鼓吹，皆依晋太宰、安平献王故事。有司奏谥，诏曰："可以威强恢远曰武，奉谥于公。"柩至洛七里涧，帝服缞往迎，叩灵悲恸而拜焉。葬日，送临墓所，亲作志铭。

可以看到，父子二人所受哀荣的类别几乎完全相同，包括赠官、殊礼、谥号、皇帝亲临等，最多是程度上有所差别。唯有冯诞这里的孝文帝"亲为作碑文及挽歌"，到了冯熙这里变成了"亲作志铭"。这说明五月冯诞入葬时，洛阳朝廷丧葬文化中的纪念装置还是以墓碑为中心的。虽然也制作了墓志，但较之墓碑远为边缘，以至于完全无需提及。而到了十二月冯熙在洛阳入葬时，丧葬文化中墓碑的中心位置就被墓志取代了。这当然已经不是以前的墓志，而是因引入了铭辞形式而得以升格的新纪念装置。《北史・冯熙传》特意以“志铭”称之，也显示在时人眼中冯熙墓志的创新所在。

孝文帝于太和十九年(495)年底在洛阳安葬冯熙，并为其制作具有南朝风格的新型墓志，不是简单的“学习南朝先进文化”之类的标签可以涵盖，而是有着更复杂的政治史脉络。如所周知，冯熙为冯太后之兄，在冯太后死后，具有冯氏家族族长的身份。他太和十九年正月死于平城时，孝文帝刚刚正式迁都洛阳。《北史》卷八〇《外戚・冯熙传》中的相关叙述引导读者相信，孝文帝在南方前线得知冯熙凶讯后即下令将其迁葬洛阳。但实际上最初冯熙是葬在平城的，而且以元丕和陆叡为代表的平城保守势力还借此要求孝文帝亲返平城参加葬礼。孝文帝虽然严词拒绝北返，仍于六月派太子恂作为代表回平城出席葬礼。做出将冯熙夫妇灵柩迁葬洛阳的决定，是到了九月洛阳的新都建设取得较大进展，且孝文帝掌握了以州镇兵为主力的十五万新禁卫军武力之后的事。带有南朝风格的冯熙墓志，是年底在洛阳举行的冯熙新丧葬仪式的一环；而冯熙在洛阳的新丧葬仪式，又是此年最后两个月孝文帝以推动北魏向“华夏国家”转型为目标的一系列制度革新(包括圆丘祭祀、品令选官、重制冠服等)的组成部分。虽然《冯熙墓志》在措辞上基本以哀悼与纪念为主，但可以想见，其预设读者必定不止于地下和后世。前述《北史》卷八〇《外戚·冯熙传》记述孝文帝“亲作志铭”，事实上也在暗示，这一“志铭”必定以某种形式被公之于众。其预设读者，包括平城的保守势力，包括建康的南朝君臣，自然也包括随之迁洛的北魏精英。换言之，就是当世的政治世界。

在这一过程中，从南齐北奔入魏的王肃起到了重要的媒介作用。但这并不意味着冯熙墓志是对南朝墓志文化的简单模仿。学者曾对北魏皇子墓志与萧梁皇子墓志进行比较，指出其中若干相异之处：如前者字数较少而后者字数较多，前者几乎不叙历官而后者详记历官，前者不引用诏书而后者多引用诏书；并且北魏皇子墓志的这些基本特征均渊源于冯熙墓志〔18〕。孝文帝在推出冯熙墓志时，与南朝高规格墓志的真正区别在于，并没有将其设定为一种需要发动若干官僚部门合作的制度性行为。孝文帝虽然“亲作志铭”，但因为冯熙还具有“国之外舅”（见《冯熙墓志》）的身份，故孝文帝在此给予自己的定位毋宁说更近于“丧家”。可见其与南朝的皇帝亲撰或奉敕撰墓志只是名目相似，实质则有相当的差距，反而又与南朝由丧家主导的谱牒式家系书写墓志接近。

太和廿三年（499）四月一日，孝文帝卒于南伐前线，五月入葬长陵。在此前后，我们既可以看到承袭冯熙墓志和元桢墓志新风的元简墓志、元弼墓志和元彬墓志，也能看到仍然维持平城特色的元偃墓志，还有韩显宗墓志这样志序和铭辞皆备而志形却作小碑形的复古风格。学者指出北魏墓志的定型要迟至迁都十数年后的宣武帝永平年间（508—511）〔19〕。

就整体而言，可以说这一定型过程既非南朝墓志文化的原样移植，亦非皇帝一纸诏令下的强制推行，而是由迁都后洛阳精英社会中复数的“丧家”作为独立的政治团体，在对孝文帝制作冯熙墓志行为的群起模仿中逐步互动发展而来。故北魏后期的墓志，无论如何规模盛大，文辞华美，都未越出最初的轨道，反而成长为一种以“二重奏”圆融混一的纪念装置。在这一意义上，我们确实可以将北魏后期墓志的创生定位为“冯熙墓志时刻”〔20〕。

原刊《中国中古史研究》第七卷“何谓制度”专号，上海：中西书局，2019年。

注释

〔1〕赵万里：《汉魏南北朝墓志集释》，北京：科学出版社，1956年。

〔2〕赵超：《汉魏南北朝墓志汇编》，天津：天津古籍出版社，1992年。

〔3〕事实上，即使是那些貌似客观的信息要素，墓志文本也能够通过攀附、用典、隐晦等修辞手段同样达到“历史书写”的效果。此不赘。

〔4〕参见前引拙文《北魏元融墓志小札》《元渊之死与北魏末年政局——以新出元渊墓志为线索》。

〔5〕关于北魏后期墓志的定型化，参见窪添慶文《墓誌の起源とその定型化》《遷都後の北魏墓誌に關する補考》，皆收入氏著《墓誌を用いた北魏史研究》，东京：汲古书院，2017年。

〔6〕罗新、叶炜：《新出魏晋南北朝墓志疏证》，北京：中华书局，2005年，第46—47页。

〔7〕参见前引拙文《从“异刻”现象看北魏后期墓志的“生产过程”》。

〔8〕参见佐川英治:《東魏北齊革命と『魏書』の編纂》,《東洋史研究》64-1,2005年;王铭:《“正统”与“政统”:拓跋魏“太祖”庙号改易及其历史书写》,《中华文史论丛》2011年第2期;赵永磊:《塑造正统:北魏太庙制度的构建》,《历史研究》2017年第6期。

〔9〕关于北魏迁洛后纪传体国史的修撰,参见佐川英治:《東魏北齊革命と『魏書』の編纂》;聂溦萌:《从国史到〈魏书〉:列传编纂的时代变迁》,《中华文史论丛》2014年第1期。

〔10〕参见周一良:《魏收之史学》,收入氏著《魏晋南北朝史论集》,北京:中华书局,1963年。

〔11〕参见前引拙文《元渊之死与北魏末年政局——以新出元渊墓志为线索》。

〔12〕参见前引拙文《冯熙墓志与北魏后期墓志文化的创生》。

〔13〕参见陆扬:《从墓志的史料分析走向墓志的史学分析——以〈新出魏晋南北朝墓志疏证〉为中心》,《中华文史论丛》2006年第4期。

〔14〕就笔者目前所见,“异刻”一词最早为杨克炎《北魏墓志中的同志异刻现象》(《书法研究》1995年第1期)一文所用。杨文所谓的“同志异刻”,指“同一方志石,其上书写的文字,由于镌刻的原因,或更改镌刻方法,或变换镌刻工具,或由不同刻手镌刻,从而使其呈现有差别的形体、气韵、风格”,与本文所讨论的“异刻”概念并不相同。比如其所言述文与铭词的异刻、不规则的块形异刻,就本文的定义而言,就不属于“异刻”。林登顺《北朝墓志文研究》(高雄:丽文文化事业公司,2009年)也大致沿用了杨文所论。

〔15〕以上论述,参见前引拙文《从“异刻”现象看北魏后期墓志的“生产过程”》。

〔16〕前引拙文《从“异刻”现象看北魏后期墓志的“生产过程”》认为

北魏后期丧家所购置志石皆为预先划好罫线者。近经窪添慶文先生提示，当亦存在志石未划罫线的情况。谨此致谢。

〔17〕参见仇鹿鸣：《长安与河北之间：中晚唐的政治与文化》，北京：北京师范大学出版社，2018年。

〔18〕参见窪添慶文：《遷都後の北魏墓誌に關する補考》，第91—95页。

〔19〕参见窪添慶文：《墓誌の起源とその定型化》，第31—37页。

〔20〕本节关于冯熙墓志的论述，主要参见前引拙文《冯熙墓志与北魏后期墓志文化的创生》，但关于北魏后期墓志"二重奏"的特质，则为本文新见。

寻找仇妃

南安王结姻州别驾？

在洛阳城北邙山出土的数百方北朝墓志中，元举墓志并不起眼[1]。志主元举出身北魏宗室章武王家一脉，二十五岁即于孝昌三年(527)以员外散骑侍郎之任去世，生平无甚事迹可称。其弟元景文“怨瑶璧之无响，痛同气之永隔，故托金石以镌声，图风轮以刊德”，敷衍撰成此志，自以虚文谀辞为主，史料价值是比较有限的。

不过，墓志在志尾铭辞之后，罗列自曾祖元桢至于志主四代的亲族状况，却提供了不见于《魏书》宗室列传及其他北魏墓志的珍贵信息：

> 曾祖南安惠王桢，字乙若伏。曾祖妃冯翊仇氏牛之长女，牛为本州别驾。
>
> 祖章武烈王彬，字豹仁。祖妃中山张氏小种之女，种为郡功曹。
>
> 父竫，字安兴，为宁远将军青州刺史。母冯氏，昌黎

王第三女，南平王诞妹。

妻勃海高氏，父聿，为黄门郎武卫将军夏州刺史抚军将军金紫光禄大夫，母即君姑也。

这段格式一致的亲族书写很可能抄自章武王家藏谱牒[2]。形式上的表面齐整掩盖不住内容上的截然两分。第三代元竫与第四代元举，结姻对象一为长乐冯氏，一为渤海高氏，均为当朝官贵，与其宗室身份相配，也符合我们由史传和墓志得来的主流印象。然而第一代南安王元桢和第二代章武王元彬，尽管贵为宗王，地位无疑较元竫、元举还要更高，结姻对象却仅为州别驾、郡功曹之女，不能不说是有些让人费解的。两代拓跋宗王为何会接连缔结如此地位悬殊的婚姻？其后又为何消失不见？这篇小文将以南安王妃仇氏为对象，做一些基本的考索工作。在尽力拼接一个女人人生碎片的同时，或可揭开4、5世纪北魏史上已然尘封的一页。

冯翊仇氏在河北

元举墓志志尾所列亲族信息早已引起了赵万里先生的注意。在《集释・元举墓志》的跋文中，他指出这一史料中数处可与《魏书》所载元桢、元彬父子相关情形互证，又专门写道：

> 《志》又称“曾祖妃冯翊仇氏牛之长女,牛为本州别驾”。案《阉官传》,仇保齐本姓侯氏,外祖父仇款始出冯翊重泉。款生二子,长曰嵩,嵩子长曰广。广有女孙配南安王桢,生章武王彬。《传》不言广之子为谁,据《志》则牛乃广之子,并与《传》合。

尽管误“仇洛齐”为“仇保齐”,赵先生仍然敏锐指出了揭开仇妃身世之谜的关键史料,即《魏书》卷九四《阉官·仇洛齐传》。此传明确记载“(仇)广有女孙配南安王桢,生章武王彬”,正与《元举墓志》所言的南安王元桢妃仇氏相应。自然,这也意味着《元举墓志》所记仇妃之父仇牛当为仇广之子。

据《仇洛齐传》,仇妃曾祖仇款“始出冯翊重泉,石虎末徙邺南枋头”。如所周知,立都邺城的后赵国主石虎曾“徙关中豪杰及羌戎内实京师”,规模达十余万户。其中被安置在枋头要地的即为以氐人苻洪为核心的移民集团,十余年后成为回归关中建立前秦政权的核心人群〔3〕。仇款既然“始出冯翊重泉”,应该也属被石虎强制迁徙河北的关中豪杰。不过苻洪迁枋头是在石虎消灭竞争对手石生以后,时在咸和八年(333)。仇款徙邺南枋头却是在“石虎末”。如果这一记载无误的话,迁徙关中豪杰至关东的行动在石虎统治时期(335—349)当进行过不止一次。

仇款来到枋头后,与在此已经驻扎耕耘十年以上的苻洪必定相识,但关系如何不得而知。有两个重要的节点可以留意。第一，当枋头的苻氏集团在石虎死后天下大乱之际毅然踏上西归关中之路时，仇款家族却并未追随，而是选择了继续留在河北。第二，《仇洛齐传》记仇款“仕慕容暐为乌丸护军、长水校尉”，其子仇嵩“仕慕容垂，迁居中山，位殿中侍御史”，父子二人先后出仕前燕与后燕政权。而对于夹在前燕、后燕之间的苻氏前秦，尽管苻坚也曾经君临河北十五年(370—385)，却没有留下他们出仕的记录。考虑到仇款家族关中豪杰的出身与徙驻枋头的经历，以上两点或许暗示了他们与苻氏之间的某种疏离甚至敌对关系。

无论如何，至后燕时，仇款家族已经来到河北近半个世纪。《仇洛齐传》记载仇嵩之子仇广、仇盆“并善营产业，家于中山，号为巨富”，也反映了这一家族在当地长期的扎根成长。不过，他们似乎并非中山地区唯一的仇氏势力。四世纪末北魏道武帝初平后燕之后，曾有中山太守仇儒之乱。《魏书·长孙肥传》载“时中山太守仇儒不乐内徙，亡匿赵郡，推群盗赵准为主”，“聚党二千余人，据关城，连引丁零，杀害长吏，扇动常山、巨鹿、广平诸郡”，声势颇大，后被长孙肥率军平定。此事《魏书·太祖纪》系于天兴二年(399)三月，亦称仇儒为“中山太守”。其后又有“夏四月，前清河太守傅世聚党千余家，自号抚军将军。五月癸亥，征虏将军庾岳讨破之”。所谓“中山太守”“前清河太守”，应该并非后燕官职，而是来自北魏的任命，看中的是其人在当地所拥有的实力与声望，以安抚新征服的后燕故地。虽然后来叛乱的起事地点和波及范围以更南边的赵郡一带为主，但仇儒出身中山本地的可能性很大。而他之所以“亡匿赵郡”乃至于发动叛乱，是因为“不乐内徙”。天兴元年(398)正月，道武帝自中山北归平城之际，“徙山东六州民吏及徒何、高丽杂夷三十六万，百工伎巧十万余口，以充京师”。看来仇儒本在这次内徙之列，而他对此进行了激烈的抵抗。

没有迹象表明这次内徙行动波及仇款。这可能是其在中山的家族地位尚不够高的反映，至少应在仇儒之下。虽然同姓仇氏，但从仇儒同党赵准被“夷其族”而仇款家族却未受牵连来看，即使仇儒也是出自关中的徙民后代，与仇款大概也非同支。

不过，到了近四十年后的太武帝世，平城的使者终于还是来到了中山仇宅的大门外。

卢鲁元访舅

使者此番南来，是缘于太武帝为宠臣卢鲁元“访舅”。

卢鲁元是太武帝统治前期的一位重要人物。他卒于太平真君三年(442)，官至侍中、太保、录尚书事，封襄城王，号称“自魏兴，贵臣恩宠，无与为比”。与多数大臣不同，他的权势主要来自太武帝的个人宠爱。自太武帝尚在东宫时，卢鲁元就给侍左右，“世祖亲爱之”，即位后则“逾亲信之”。在平城时，太武帝“临幸其第，不出旬日”；对外兴兵，卢鲁元又“常从征伐，出入卧内”〔4〕。二人之间的关系显然超越了一般的君臣恩宠。

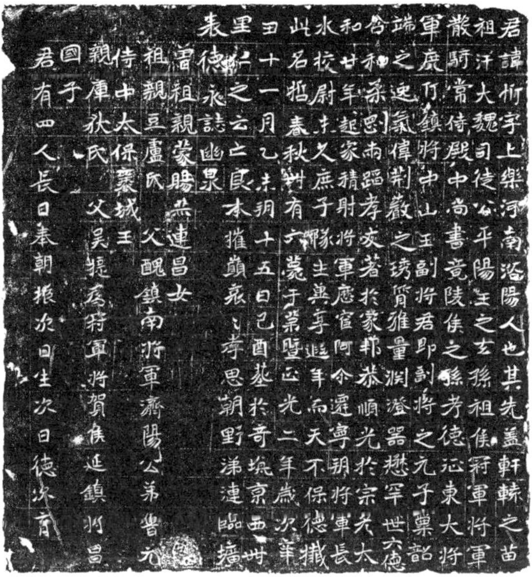

正光二年(521)长孙忻墓志拓片

卢鲁元的身世尚不够清晰。《魏书》卷三四《卢鲁元传》记其为“昌黎徒河人也。曾祖副鸠，仕慕容垂为尚书令、临泽公。祖父并至大官”，实际上掩饰了不少信息。《新唐书》卷七四《宰相世系表·豆卢氏》下有“鲁元，后魏太保、襄城公”，说明卢鲁元本姓豆卢。制作于正光二年(521)的《长孙忻墓志》在长孙侯妻子“豆卢氏”后，赫然列有“弟鲁元，侍中、太保、襄城王”，更是可以直接确证这一点〔5〕。虽然北朝至隋唐时期各种史料所记述的豆卢氏谱系颇多抵牾之处，未可遽断是非，但可以肯定的是，豆卢氏本为慕容燕宗室出身，入魏后方改姓“豆卢”[6]。

关于卢鲁元的父亲，《新唐书·宰相世系表》记为豆卢胜，《仇洛齐传》则记为卢豚。考虑到其兄弟名丑，“胜(勝)”恐为“豚”之讹误。庾信撰《慕容宁碑》云“曾祖，尚书府君，因魏室之难，改姓豆卢，仍为官族”，《豆卢永恩碑》云“尚书府君改姓豆卢，筮仕于魏”[7]，均将改姓之事归之于“尚书府君”的入魏，惜未明记其名。慕容宁即《周书》卷十九所载豆卢宁，《传》云“高祖胜，以燕。皇始初归魏，授长乐郡守，赐姓豆卢氏，或云避难改焉”，将这位关键人物锚定为卢豚(胜)。皇始元年(396)，北魏道武帝发动灭后燕之战，历时三年终告成功。卢豚(胜)以慕容宗室的身份于皇始初即已归降于魏，大概颇得优待。他从慕容改姓豆卢，作为褒赏而赐姓的可能性更大。

平城朝廷给予卢豚的褒赏不止于赐姓，还有一位来自慕容燕后宫的女子，即卢鲁元之母仇氏。《仇洛齐传》载：

> 初嵩长女有姿色，充冉闵宫闱，闵破，入慕容儁，又转赐卢豚。生子鲁元，有宠于世祖。

如前所述，仇款自关中徙至邺城附近的枋头是在“石虎末”。其子仇嵩的长女最初所入为冉闵后宫，距其举家东来不过数年。石虎死后冉闵称帝在永和六年(350)，为慕容儁所灭则在永和八年(352)。最后“生子鲁元”,已在4、5世纪之交的北魏之世。在半个世纪的漫长岁月里,这位据说“有姿色”的仇姓女子历经冉魏、慕容前燕、苻氏前秦、慕容后燕和拓跋魏五代政权更迭,几乎见证了“五胡”时代的大半历史。

上引《仇洛齐传》文字没有明言将仇氏“又转赐卢豚”的行为主体究竟是谁。我们可以根据卢鲁元的出生时间来考虑这个问题。从卢鲁元与太武帝的亲密关系来看,二人年龄相差不宜过大。太武帝生于天赐五年(408),假设卢鲁元年长十岁,则当生于皇始三年(398),正当道武帝攻灭后燕之时。实际上更大的可能是仅年长数岁而已,这样他的出生时间还要再晚几年。联系到前述卢豚于皇始初自后燕降魏的事迹,将仇氏“又转赐卢豚”的应该就是道武帝,即在灭燕后将慕容后宫中的仇氏作为奖赏赐予卢豚。不过仇氏此时自然已非妙龄。设若其十岁入于冉闵,到398年归于卢豚之时,也已经年过半百了。卢鲁元的诞生,对这位大龄母亲来说算是一个不小的奇迹。

仇氏之前虽然长期在宫廷生活,但因为慕容前燕和后燕都是立国河北,与中山母家的联系可能还是比较方便的。入魏之后情况就不一样了,京师已经变成了远在代北的平城。前已述及道武帝灭燕后有大规模的徙民实京之举。卢鲁元“太宗时,选为直郎。以忠谨给侍东宫”,这样的早期仕历说明他应该就是家于平城的。可见其母仇氏入魏之后即随夫卢豚去了代北。太武帝时,卢鲁元知道“外祖嵩已死,唯有三舅”。这一信息无疑得自母亲。而“每言于世祖，世祖为访其舅”的措辞，暗示他与河北的舅家已经很久没有直接往来了。换言之，其母仇氏入魏北迁之后，可能也就基本中断了与中山母家的联系。

面对太武帝为卢鲁元访舅的使者，仇嵩之子仇广、仇盆兄弟的反应是“皆不乐入平城”。这种犹豫是可以理解的。无论是当年历时三年的灭燕之战，还是战后镇压仇儒之乱与傅世之乱，拓跋大军对后燕故地的反复摧残，对于河北人士来说恐怕都还是并不久远的惨痛记忆。神瑞二年(415)崔浩劝阻明元帝迁都邺城时言说“国家威制诸夏之长策”，宣称“今居北方，假令山东有变，轻骑南出，耀威桑梓之中，谁知多少？百姓见之，望尘震服”[8]，正是对立国代北的拓跋王权与南方河北人士之间疏离关系的露骨说明。直到太武帝为卢鲁元访舅之时，仍然“是时东方罕有仕者”。但拒绝平城之命，又忧虑会落得与当年“不乐内徙”的仇儒一样的下场，着实让人为难。

此时挺身而出的正是仇洛齐。洛齐本姓侯氏，中山人，仇款为其外祖父。这意味着仇款有女儿嫁与了侯某，生子洛齐。但洛齐“生而非男”，有着严重的生理缺陷。或因此为其生父所厌弃，故舅父仇嵩“养为子，因为之姓仇”。在仇款家族面对可能是东迁以来最大挑战的危机时刻，这位“人道不全”的养子说道：

“当为兄弟试祸福也。”

仇洛齐与仇妃

未曾想到，仇洛齐的这一决断成为了兄弟三人命运的分水岭。

因“生为阉人”，仇洛奇入平城后即因卢鲁元之请入宫为宦官，直到文成帝初兴安二年(453)去世，度过了大致平稳的后半生。留在中山的仇广、仇盆兄弟却在“洛齐贵盛之后”，“坐他事诛”。

所谓“贵盛”，从仇洛齐的仕历看，应该是指“从平凉州，以功超迁散骑常侍，又加中书令、宁南将军，进爵零陵公”。太武帝灭北凉在太延五年(439)。仇洛齐因太武帝为卢鲁元访舅入京当在此年之前，而仇广兄弟被诛则在此年之后。又卢鲁元卒于太平真君三年(442)，号称“自魏兴，贵臣恩宠，无与为比”，其舅氏被诛或更在其亡故之后。但可以确定仍当太武帝世，因为《仇洛齐传》明言“世祖以其(仇洛齐)非仇氏子，不与焉”。

前已述及《元举墓志》所载南安王妃仇氏父亲仇牛为仇广之子。既然仇洛齐是缘于仇嵩养子的身份方才未受牵连，那么仇牛当与仇广兄弟一起同遭诛杀。《元举墓志》载其名位仅至本州别驾，应该就是他伏诛前的官位。其女仇氏在若干年后“配南安王桢”，此时应与仇家其余女眷一起被没入平城宫中为奴。

那么，仇氏是何时被配给南安王元桢的呢？事实上，我们还有一个线索可以利用。文成帝时高允曾上书批评“今皇子娶妻，多出宫掖”的现象，其中有言“然所配者，或长少差舛，或罪入掖庭，而作合宗王，妃嫔藩懿。失礼之甚，无复此过”[9]。“然所配者”“罪入掖庭”的措辞，皆与仇氏没官若干年后“配南安王桢”相应。高允还特别提到“诸王十五，便赐妻别居”。这一记录十分宝贵。虽然《魏书》列传罕载传主出生年份，但元桢、元彬父子皆有墓志存世，由其中记录的卒年与享寿即可反推出生年份。据《元桢墓志》，太和二十年(496)元桢在邺城去世时年五十岁，则当生于太平真君八年(447)。那么他十五岁时正当和平二年(461)，也合于高允上书的文成帝世。

不过仇氏很可能并不是元桢最初的“赐妻”。见于《元举墓志》的元彬为元桢次子，其上尚有长子元英，就是后来宣武帝时代扬名于对南朝作战前线的中山王。《仇洛齐传》说仇氏“配南安王桢，生章武王彬，即中山王英弟也”，说明元英的生母另有其人。和平二年与十五岁的元桢相配者应是另一位同样出自宫掖的罪奴女性，并为其诞下长子元英[10]。只是元英之母随即亡故(或与生产有关)，故又有同样身份的仇氏被配与元桢。据《元彬墓志》，元彬太和二十三年(499)卒，时年三十六岁，则当生于和平五年(464)，其时元桢十八岁。仇氏被配于元桢，大致当在和平三、四年(462—463)间。如前所述，仇氏因家难没官大概率发生在太平真君三年至十二年(442—451)这一区间。则到被配给元桢为止,她在宫中至少经历了十年以上的岁月,甚至有长达二十年的可能。只是我们并不清楚,当初甫入宫中的她,究竟是一位青春少女,还是年仅数岁的女童。

仇氏以幼龄入宫的可能性不能排除。《集释》集中收录了七方北魏宫廷内职女官墓志,制作于正光元年至二年(520—521)间。据墓志所述,七人无一不是因“家难”而被没入宫的,正与仇氏的遭际相同。所谓“遭家不造”“家门倾覆”“乡曲之难”之类闪烁其辞的背后,掩盖的是全家成年男性被诛、成年与未成年女性入宫为奴的惨痛家史。若仇妃也有墓志存世,恐怕亦当如此措辞。而入宫年龄方面有明确记载的冯迎男、王僧男和张安姬三人分别为五岁、六岁和十三岁,刘阿素和刘华仁两人则皆记为“幼履宫庭”,大概也不会超过十岁。

在这方面新出《缑光姬墓志》和《缑显墓志》留下了更为生动具体的记录[11]。缑光姬官至第一品家监,“班秩、清禁、羽仪之等,有同郡君”,是一位相当成功的宫廷女官。她卒于正光六年(525)正月十九日,年七十有二,则当生于兴光元年(454)。墓志记曰“未及言归,遂离家难”,由是“委身宫掖,出入椒闱”。不过与前述几位北魏女官不同的是,她遭遇的“家难”并非一般的犯法得罪。光姬为“宋使持节都督青徐齐三州诸军事齐州刺史永之孙,宁朔将军齐郡太守宣之女”,出身南朝刘宋青齐地区。缑永与缑宣不见于史籍记载,但光姬因“父兄沉辱”入魏，应与献文帝天安元年(466)至皇兴二年(468)北魏夺取刘宋淮北四州的战事有关。这一点可以得到《缑显墓志》的佐证。《缑光姬墓志》记光姬为“大魏冠军将军齐州刺史显之姑”，这位缑显正是《魏故持节左将军齐州刺史缑使君墓志铭》的志主。他葬于正光四年(523)二月十五日，卒日应去此不远。年五十有八，则当生于天安元年(466)前后，正值上述战事的开始阶段。墓志记曰“属皇风远震，三齐席卷。君在婴孩，与母茹氏迁于代都”，这一入魏缘由应同样适用于其姑母缑光姬。面对如此“家难”，襁褓中的懵懂婴孩或许比十三岁的少女更为幸运。光姬“以父兄沉辱，无心荣好，弊衣疎食，充形实口。至于广席畴朋，语及平生。眷言家事，泪随声下”，似乎终其一生也未能淡忘伤痛。

正光六年(525)缑光姬墓志拓片

尽管墓志并未明言，但缑显后来历任小黄门、掖庭令、中黄门冗从仆射、中给事中等阉宦职位，显然是没官后又罹宫刑之酷。结合《魏书》卷九四《阉官传》所见诸人出身，可知罪人之家的未成年男性，是平城宫中阉宦群体的主要来源。而罪人之家的成年与未成年女性，同样充斥平城后宫，承担着多种形式的劳作与生产。换言之，像缑光姬与缑显这样出于一族的亲人分别活跃于后宫的女职系统和宦官系统的情况，在平城时代应该并不罕见。缑显先于缑光姬两年去世，《缑光姬墓志》仍然特意标示其为“大魏冠军将军齐州刺史显之姑”，显示二人之间的关系可能相当密切。

与缑光姬、缑显姑侄关系类似，仇氏在平城宫中也并非全无依托。当年家祸之后叔父仇洛齐并未受到牵连，仍在内廷奉仕，直至兴安二年(453)去世。他对自己的这位侄女必定有所照拂。《仇洛齐传》记载了如下一段轶事：

> 养子俨，袭。……后欲还本。而广有女孙配南安王桢，生章武王彬，即中山王英弟也。仇妃闻而请俨曰：“由我仇家富贵至此，奈何一旦孤背恩养也!”桢时在内都主司品臣，俨隶于桢，畏惮之，遂不敢。

如前所述，仇洛齐为仇嵩养子，本姓侯氏。显然出于没有生育能力的缘故，他从自己的侯氏本家找了一个小孩入继为后，即这里的养子仇俨。此事当发生在太平真君年间仇广兄弟被诛之后。洛齐死后，其零陵公的爵位为仇俨所继承。仇俨“后欲还本”即试图复姓侯氏的确切时间不明，应该是在他“太和中，为虎牢镇将”之前，其时正值元桢“在内都主司品臣”，而仇俨为其属下。据《魏书》卷十九《景穆十二王传》，元桢曾两任内都大官。第一次在孝文帝即位之前，可以排除。第二次在任之后，又出为长安镇都大将、雍州刺史。正是在雍州刺史任上，元桢与汝阴王元天赐一起因“聚敛肆情”受到了“削除封爵，以庶人归第，禁锢终身”的处罚，时在太和十三年(489)六月。仇俨提出“还本”之请，必在此年之前。

仇妃对他的这一请求十分愤怒，以“背恩”责之，并运用夫君元桢的影响力，迫使仇俨放弃。从“我仇家”的措辞可以看出，她仍把已经去世三十余年的仇洛齐视为一家之人，将仇洛齐的家事视为己家之事。“奈何一旦孤背恩养”之言的背后，或许也深藏着她对当年在宫中的苦涩童年里，从这位“生而非男”的宦官叔父那里所领受“恩养”的感激之情。

“文明”的阴影

这是仇妃在现存史料中的最后一次出场。她的丈夫南安王元桢其后的经历在《魏书》中有清晰记载。虽然在太和十三年(489)因罪失爵，但后来在迁都洛阳时态度积极，“首从大计”，博得了孝文帝的信任，于太和十九年(495)十二月复南安王本封。迁都洛阳事定后，又被任为相州刺史，出镇邺城，时在太和二十年(496)五月。

如果仇妃仍在世的话，她或许应该跟随元桢一起前往邺城治所。从那里向南，是她的家族一个半世纪前从关中远徙而来最初落脚的枋头。向北，则是祖父仇广曾经“号为巨富”、留下深刻足迹的中山城，也是她的出生与童年嬉戏之地。然而入邺当月元桢就因“疽发背”而暴卒，年仅五十岁。就像当初一样，她终究不能在这个名义上的故乡停留长久。

我们对仇妃的寻访之旅就此结束。事实上，四年之前的太和十六年(492)左右，锐意改革的孝文帝已经颁布诏书，以“族非百两，拟匹卑滥”为由，强制诸弟重娶胡汉高门之女以为正妻，而将此前罪奴出身的妻子贬为妾媵，一举终结了平城时代以来“诸王十五，便赐妻别居”的传统[12]。我们不知道仇妃是在何时离开人世的，但她的故事在标榜华夏礼乐的洛阳时代确乎不会重演了。这并不是说不会再有罪人之家的女性被没入洛阳宫中为奴，只是她们再也不会像仇妃这样获得成为王妃甚至后妃的机会，只能活在支撑“文明”的阴影里，直到沉默死去。

原刊《文汇报·文汇学人》2022 年 4 月 10 日。完整版收入罗新先生主编的论文集《彼美淑令：墓志所见的北朝女性》，北京大学出版社即刊。

注释

〔1〕元举墓志志石现藏西安碑林参见赵万里：《汉魏南北朝墓志集

释》（以下简称《集释》），桂林：广西师范大学出版社据科学出版社1956年版影印，2008年，图版一五四；毛远明校注：《汉魏六朝碑刻校注》，北京：线装书局，2008年，第6册，第144—146页；王连龙：《南北朝墓志集成》，上海：上海人民出版社，2021年，上册，第339—340页。

〔2〕参见陈爽：《出土墓志所见中古谱牒研究》，上海：学林出版社，2015年，第404—405页。

〔3〕参见罗新：《枋头、滠头两集团的凝成与前秦、后秦的建立》，收入氏著《王化与山险：中古边裔论集》，第131—144页。

〔4〕《魏书》卷三四《卢鲁元传》，北京：中华书局，1974年，第801页。

〔5〕拓片见齐运通编：《洛阳新获七朝墓志》，北京：中华书局，2012年，第15页。

〔6〕参见姚薇元：《北朝胡姓考（修订本）》，《内篇第三・内入诸姓》"卢氏"条，北京：中华书局，2007年，第104—108页。

〔7〕倪璠注、许逸民校点：《庾子山集注》，北京：中华书局，1980年，第897、923页。

〔8〕《魏书》卷三五《崔浩传》，第808页。

〔9〕《魏书》卷四八《高允传》，第1074页。

〔10〕《元举墓志》所载章武王元彬妻"祖妃中山张氏小种之女，种为郡功曹"，当亦为罪没入宫者。据《元融墓志》，元彬长子元融死于孝昌二年（526），年四十六岁，则当生于太和五年（481）。而元彬生于和平五年（464），元融出生时他方十八岁。张氏很可能就是在元彬十五岁时被配与他为妻的。

〔11〕《缑光姬墓志》，拓片见赵君平编：《邙洛碑志三百种》，北京：中华书局，2004年，第17页；《洛阳新获七朝墓志》，第18页；录文见《南北朝墓志集成》，第256—257页。《缑显墓志》，拓片见《北朝墓志精粹》第一辑《北魏　卷一》，上海：上海书画出版社，2021年。

〔12〕《魏书》卷二一《献文六王传》，第534—535页。

《李晖仪墓志》与魏收《魏书》

魏收所撰之《魏书》在北齐即已有“秽史”之名，后代更为人所诟病。而至 20 世纪 30 年代，周一良先生发表《魏收之史学》一文[1]，力辩其诬，认为“魏收之书详略得当，近于实录”，是为的论。不过若跳过是否“秽史”的纠缠，关注作者个人的经历、观念、利益、感情如何在与时代的互动中生发为“历史书写”，或许仍然是历史学的有趣话题。2002 年出土于河南省郑州市北的北魏《李晖仪墓志》，为我们推进这一话题提供了重要信息。罗新先生首先发表了该志录文，并对其所涉重要史事做了简洁而精彩的释证[2]。本文拟在罗文的基础上，仅就其中的一个方面做些续貂的工作。

《李晖仪墓志》的历史认识

与典型的北朝后期墓志一样，此方墓志的主体文字分为序文与铭辞两大部分。序文基本是模拟志主李晖仪之长子郑伯猷的口气来书写的。其末则称“友人中书侍郎巨鹿魏收，虽年在雁行，而义均同志。后来之美，领袖辞人。托其为铭，式传不朽。其辞曰云云”，可知铭辞部分为魏收所作。但是序文部分的作者是谁并不清楚。下面我们试图通过分析墓志序文所涉及的魏末史事，先来观察序文部分作者的政治态度。

据《李晖仪墓志》，志主李晖仪出自陇西李氏李宝一支。李晖仪为李宝之孙，李承之女。陇西李氏因李宝幼子李冲贵宠而在冯太后、孝文帝时期盛极一时，也因此而深深卷入魏末的动荡之局。墓志序文载：

> 普泰奄有万国，冠带百神。长女上太妃，小宗之嫡，实唯君母。主上屡使家人传辞，欲崇以极号。夫人以权疑在朝，虑生猜祸。苦加诲约，不令顺命。太妃亦深鉴倚伏，固而弗许。所以蹈此危机，终保元吉者，抑亦夫人之由。及大息伯猷，自散骑常侍而为国子祭酒。时论以外戚相拟，咸谓此授为轻。夫人闻之，唯恐更有迁换。诚厉殷勤，千绪万牒。每昏定晨省之际，未尝不以之为言。是以诸子遵节，莫冀通显，或降级出守，或仍世不移，或盘桓利居，匪期招命。

如罗文所证：“普泰是节闵帝（即前废帝）元恭的年号。孝庄帝既杀尔朱荣，尔朱世隆、尔朱兆等乃立元恭以代替庄帝。元恭是孝文帝之弟广陵王元羽的儿子。《魏书》记郑平城事迹时说‘广陵王羽纳其女为妃’，由李晖仪墓志知元羽之妃郑

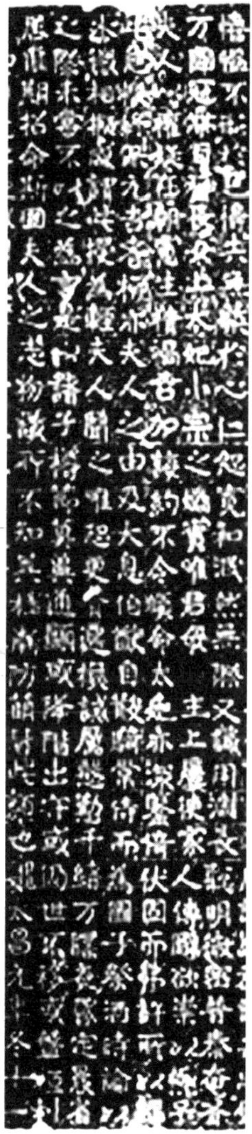

李晖仪墓志拓片(局部)

氏即李晖仪的长女。”虽然元恭并非郑妃所生，但如墓志所言，郑妃乃“小宗之嫡”，所以“实唯君母”〔3〕。因此在元恭被尔朱氏拥立为帝之后，郑妃的亲族——其母李晖仪、其弟郑伯猷〔4〕等——就具有了外戚的身份。关于这一点，《魏书》仅在卷五六《郑羲传附郑伯猷传》提到，“前废帝初，（郑伯猷）以舅氏超授征东将军、金紫光禄大夫，领国子祭酒”。而据李晖仪墓志我们可以知道，前废帝时期，由于李晖仪的坚持，对于这种可以轻易带来政治利益的“外戚”身份，郑妃及其亲族表现得非常低调。

墓志序文举出两个例子来说明这种低调。其一为不接受前废帝元恭对郑妃“崇以极号”，其二为力阻郑伯猷等诸子因外戚身份而得高官。先来看第一个例子。罗文指出：

> 元恭被拥立为帝以后，史料中未曾见到他如三年前孝庄帝那样大肆追尊自己的父兄。如果他这样做，元羽就会被追尊为皇帝，仍然健在的郑妃就应当尊为皇太后。从李晖仪墓志看，“主上屡使家人传辞，欲崇以极号”，也就是节闵帝是想要尊郑妃为皇太后的。

孝庄帝追尊父母事见于《魏书》卷十《孝庄纪》：

> （永安二年二月）甲午，尊皇考为文穆皇帝，庙号肃祖，皇妣为文穆皇后。

夏四月癸未，迁肃祖文穆皇帝及文穆皇后神主于太庙，内外百僚普泛加一级。

而元恭被尔朱氏拥立为帝后，对于自己的父母也并非毫无追尊之举。《魏书》卷一一《废出三帝纪》载：

（普泰元年九月）癸巳，追尊皇考为先帝，皇妣王氏为先太妃；封皇弟永业为高密王，皇子子恕为勃海王。

与孝庄帝对于其父母的大肆追尊相比，前废帝元恭的行动显然要低调得多。不称“先皇帝”而仅称“先帝”，与他自己即位后的表态是相一致的[5]。另外也无谥号与庙号，所以应该也没有采取如孝庄帝那样迁父母神主入太庙、“以孝文为伯考”[6]的激进行动。但即使如此，依然难以获得其外家郑妃亲族的支持。普泰元年的追尊行动中只见“先帝”与“先太妃”，独缺“太后”，并非是元恭刻意贬低其仍然健在的嫡母郑妃的地位；如上引罗文所言，“从李晖仪墓志看，‘主上屡使家人传辞，欲崇以极号’，也就是节闵帝是想要尊郑妃为皇太后的”，只是郑妃“深鉴倚伏，固而弗许”。而郑妃的这种态度，据李晖仪墓志，主要来自其母李晖仪的坚持。

墓志说，“所以蹈此危机，终保元吉者，抑亦夫人之由”。“蹈此危机”即指高欢废杀元恭之事。从墓志来看，元恭之死并未祸及其母郑妃亲族。这种幸运是否确实缘于郑妃拒绝太后的尊号,今天已经无从考证,但从中可以看到墓志序文的作者对于李晖仪的做法显然持赞同态度。而对于元恭即位后对自己的嫡母“欲崇以极号”的做法,即使不是反对,至少也是将其视为一种容易导致不幸结局的做法,应该极力避免。联系到当时的情势,很容易推想这种态度是因为李晖仪及墓志序文的作者具有这样的认识:孝庄帝的不幸结局与其大肆追尊父母至于迁神主入太庙的做法之间存在某种关联。

再来看第二个例子,即李晖仪力阻郑伯猷等诸子因外戚身份而得高官。有趣的是,这方面同样也可以找到孝庄帝时期的前车之鉴。而其主人公又恰是李晖仪非常熟悉的人。《魏书》卷八三《外戚·李延寔传》载:

> 庄帝即位,以元舅之尊,超授侍中、太保,封濮阳郡王。延寔以太保犯祖讳,又以王爵非庶姓所宜,抗表固辞。徙封濮阳郡公,改授太傅。寻转司徒公,出为使持节、侍中、太傅、录尚书事、青州刺史。尔朱兆入洛,乘舆幽系,以延寔外戚,见害于州馆。

李延寔为李冲长子,而李晖仪为冲长兄承之女。可以想见,二人之关系非常密切[7]。郑伯猷与前废帝的关系,和李延寔与孝庄帝的关系是非常相似的。李延寔因外戚身份盛极而败，不过就发生于普泰前一两年。这一事件必给予李晖仪相当大的冲击。这一定是她力阻诸子以外戚得高官的最为重要和直接的原因。只有这样我们才能理解何以她对诸子的劝诫至于“诚厉殷勤，千绪万牒。每昏定晨省之际，未尝不以之为言”，已经到了有点神经质的程度。而从墓志序文的叙述来看，其作者对于李晖仪的这一做法也比较认同。

魏收《魏书》的历史认识

以上我们讨论了李晖仪及其墓志序文的作者所持有的两种认识：孝庄帝的不幸结局与其大肆追尊父母至于迁神主入太庙的做法之间存在某种关联；李延寔因外戚身份盛极而败是一个惨痛的教训。

李晖仪墓志所表现出的这样两种非常具体的认识，在魏收所撰《魏书》之中，是可以找到对应之处的。《魏书》卷十《孝庄纪》篇末的“史臣曰”载：

> 呜呼！胡丑之为衅也，岂周衰晋末而已哉！至于高祖不祀，武宣享庙，三后降鉴，福禄固不永矣。

据《北史》卷五六《魏收传》：“其史（指收撰《魏书》）三十五例，二十五序，九十四论，前后二表一启，皆独出于收。”所谓“论”，即指《魏书》纪传末之“史臣曰”也。因此，上引文字应该反映了魏收的个人认识，即认为“高祖不祀”——对应孝庄帝“迁神主于太庙，以高祖为伯考”的行为——是导致其败亡的重要原因之一。这与李晖仪墓志对孝庄帝所持有的认识基本是一致的。

那么魏收在《魏书》中对李延寔的认识又是如何的呢？《魏书》卷八三《外戚李延寔传》仅记李延寔生平大略，看不出魏收的个人态度。不过在《北史》卷五六《魏收传附魏子建传》中却记载了这样的故事：

> 邢杲之平，太傅李延寔子侍中彧为大使，抚慰东土。时外戚贵盛，送者填门，子建亦往候别。延寔曰：“小儿今行，何以相勖？”子建曰：“益以盈满为诫。”延寔怅然久之。

魏子建为魏收之父。他对李延寔说，“益以盈满为诫”，显示出他认识到在李延寔因外戚身份而贵盛的背后隐藏着败亡的危险。后文“及永安之后，李氏宗族流离，彧（延寔子）遇诛夷，如其所虑”的记述，与此正相呼应。

这一故事也见于《魏书》卷一百四《自序》。虽然今本《魏书》卷一百四《自序》为“删节《北史》卷五六《魏收传》，兼采他书”[8]而成，但不难推想，《北史·魏收传》中关于魏子建的记载当来自《魏书·自序》中魏收自己的叙述。那么将《北史》所载魏子建对于李延寔的态度视为魏收本人所持有的认识,应该也无大误。这与李晖仪墓志对李延寔所持有的认识也是基本一致的。

由此就认定魏收即为李晖仪墓志序文部分的作者,实在是太武断了。但是,如果再考虑到其为铭辞部分的作者这一事实,至少可以认为,魏收与李晖仪及其墓志序文部分的作者,对于当代史的某些认识,是高度一致的;并且这种一致,延续到了北齐时所修的《魏书》之中。

魏收家族与李晖仪家族

而这种理念上的一致,可能有着某种坚实的现实基础。即魏收的家族与李晖仪的家族之间存在的密切关系。

如上所述,李晖仪出自陇西李氏,为李宝之孙、李承之女。李承四子依次为李韶、李彦、李虔、李蕤。罗文考证李晖仪为李虔的妹妹,李蕤的姐姐。而《北史》卷五六《魏收传附魏子建传》载:"太尉李虔第二子仁曜,子建之女婿,往亦遇害(于河阴之变)。"据《魏书》卷三九《李宝传》所附宝诸子孙传,李承子李虔死后赠侍中、都督冀定瀛三州诸军事、骠骑大将军、太尉公、冀州刺史;其次子昞,字仁曜,孝庄初与兄暧同时遇害。与《北史·魏子建传》所言之人相合无间。由此可以确知魏收之父魏子建与李晖仪之兄李虔为儿女亲家的关系。

上文曾引《北史·魏子建传》曰:

> 邢杲之平，太傅李延寔子侍中彧为大使，抚慰东土。时外戚贵盛，送者填门，子建亦往候别。延寔曰：“小儿今行，何以相勖？”子建曰：“益以盈满为诫。”延寔怅然久之。

在这个故事的叙述里，魏子建似乎也是因为李延寔的外戚地位（孝庄帝之舅）而去为其子李彧送行之人。不过如果考虑到李延寔为李承幼弟李冲长子，就会明白魏子建之所以“亦往候别”乃是因为其与李延寔有亲戚之谊。事实上，早在李延寔贵为外戚之前，其与魏子建的关系就已经相当亲密了。《北史》卷五六《魏收传附魏子建传》载：

> 初，子建为前军将军，十年不徙，在洛闲暇，与吏部尚书李韶、韶从弟延寔颇为弈棋，时人谓之耽好。

魏子建本传未明确记载魏子建为前军将军的时间，大体应在其外任东益州刺史的正光五年（524 年）之前。李韶为李虔长兄，据本传（《魏书》卷三九），其任吏部尚书亦在孝明之初。魏子建的家族是如何开始与陇西李氏亲近的，尚无史料可以说明。但可以肯定的是，自孝明之世以来，至少魏子建已经与李虔一辈（即李宝的孙辈）的陇西李氏子弟关系相当密切了。交往之密，至于结为儿女亲家。《北史》卷五六《魏收传》载，“吏部尚书李神儁重收才学，奏授司徒记室参军”。李神儁为李承弟李佐之子。他为魏收的仕进出力，应该不仅仅是出于爱才，魏子建与陇西李氏的特殊关系可能才是更为关键的因素。

所以魏收为李晖仪作墓铭固然出于其子郑伯猷之托。但其辞之所以极尽美言，与其说是由于与郑伯猷之间的交情[9]，不如说是因为与李晖仪本人的亲近关系。而魏收之所以与郑伯猷亲近，可能也是因为与其母李晖仪之间的关系使然，也许并不稳固。这在一定程度上可以解释为何有李晖仪之“美铭”与郑伯猷之“恶传”这样的矛盾现象。

因此，可以说魏收与李晖仪在现实中存在着的密切联系，与其理念上对于当代史的某些认识所表现出的高度一致，是相为表里的。在这样的认识之下，把李晖仪墓志序文部分也视为魏收之思想的体现，应该也是可以允许的，尽管并不能将魏收坐实为序文部分的作者。

魏收的早年经历

从以上揭示的魏收家族与陇西李氏之间的密切关系，还可以加深我们对魏收早期个人经历的认识。前文已经提到，魏收初入仕途，即得到陇西李氏的提携。《北史》卷五六《魏收传》载，“吏部尚书李神儁重收才学，奏授司徒记室参军”。李神儁为李承弟李佐之子，其为吏部尚书在孝庄帝时（《魏书》卷三九本传）。魏子建与陇西李氏的特殊关系无疑是这一提携的背景。

《北史·魏收传》又载：

> 节闵帝立，妙简近侍，诏试收为封禅书。收下笔便就，不立藁草，文将千言，所改无几。（中略）迁散骑侍郎，寻敕典起居注，并修国史，俄兼中书侍郎。时年二十六。

年轻的魏收在前废帝元恭即位之后得到重用，当然其才学是一重要因素，但不可忽视的则是元恭与魏收都身处陇西李氏所编织的亲故网络之中。不难想象元恭在被尔朱氏拥立之前，由于李晖仪的关系，与魏收应该即已熟识[10]。则其即位之后，魏收获得重用，成为亲近机要之近侍，就是非常自然的事情。而魏收对于元恭的态度，即使到了后来，也仍然可以看出包含着复杂的个人感情。《魏书》卷十一《废出三帝纪》载：

> 史臣曰：广陵废于前，中兴废于后，平阳猜惑，自绝宗庙。普泰雅道居多，永熙悖德为甚。是俱亡灭，天下所弃欤！

这里的“史臣曰”对孝武帝元修给予“猜惑”“自绝宗庙”“悖德为甚”等恶评，或许还可以说是北齐的官方口径；但对于元恭非但无一恶语，还给予了“雅道居多”这样的高度评价。而且感怀“雅道居多”的元恭与“悖德为甚”的元修同归亡灭,都是为天下或者天命所抛弃了的君主。其中除了对于高齐受命的再确认之外,也可以读到一丝对于前废帝元恭的惋惜与同情。李晖仪墓志曰,“普泰奄有万国,冠带百神”,其时(永熙二年)元恭已为高欢所废杀,仍然用此赞语。这也反映了墓志序文部分作者与魏收对于当代历史认识的一致。

魏收与前废帝元恭的亲近关系,在孝武帝即位后,也给他带来了一定的风险。《北史》卷五六《魏收传》载:

> 时节闵帝殂,令收为诏。(崔)悛乃宣言:收普泰世出入帷幄,一日造诏,优为词旨,然则义旗之士,尽为逆人。又收父老,合解官归侍。南台将加弹劾,赖尚书辛雄为言于中尉綦儁,乃解。收有贱生弟仲同,先未齿录,因此怖惧,上籍,遣还乡扶侍。

元恭被杀于孝武帝太昌元年(532年)五月。其时因为崔悛的攻击,魏收在政治上处于相当危险的境地。虽然赖辛雄之助得保无事,但仍然给他造成了很大的精神压力,不然也不至于“怖惧”到临时承认“贱生弟”的身份而遣其回乡扶侍老父了〔11〕。在不到一年之后的永熙二年(533)三月中下旬为自己熟悉的长辈李晖仪写墓铭时〔12〕,这种压力应该仍然在强有力地起着作用。李晖仪墓志所言“蹈此危机,终保元吉”,也可以看作是魏收的夫子自道。其中既包含了对于孝昌以来历史教训的总结,又寄托了对于未来的祈愿。当时他还只有二十八岁。

【李晖仪墓志录文】

魏故假节都督南青州诸军事征虏将军南青州刺史郑使君夫人李氏墓志铭/

夫人讳晖仪。陇西狄道人。帝高阳氏颛顼之裔也。庭坚言惠以命氏,伯阳隐道以无名。/自汉丞相蔡,逮乎凉武照王暠,或缉熙帝载,或拨乱一匡。年逾数百,世历三代。风流并/轨,儒雅继及。祖宝,仪同敦煌宣公。履顺含柔,礼穷八命。父承,雍州刺史姑臧穆侯。怀灵/挺秀,见贵一时。三昆龙光,并据台鼎。旁枝继别,各服衮衣。虽栾范之羽仪霸晋,季孟之/冠盖王鲁,无以尚也。夫人少秉幽闲之操,幼洁琬琰之姿。身苞六行,体兼四德。若其端/一诚庄之节,仁?明道之睿,莫不秉自性灵,取之怀抱。组紃之暇,专习经书。访弟咨兄,/不舍昼夜。故以贻讥博士,见号诸生。年十有三,初执箕帚。配德哲人,主兹中馈。已乃仪/形素里,模范闺房。夫人娣姒之中,于秩为小。上奉舅姑,旁事同室。廉让敬恭,谦柔忠爱。/喜愠不形于色,得失无概于心。仁恕宽和,泯然无际。又识用渊长,聪明微密。普泰奄有/万国,冠带百神。长女上太妃,小宗之嫡,实唯君母。主上屡使家人传辞,欲崇以极号。/夫人以权疑在朝,虑生猜祸。苦加诲约,不令顺命。太妃亦深鉴倚伏,固而弗许。所以蹈/此危机,终保元吉者，抑亦夫人之由。及大息伯猷，自散骑常侍而为国子祭酒。时论以/外戚相拟，咸谓此授为轻。夫人闻之，唯恐更有迁换。诫厉殷勤，千绪万牒。每昏定晨省/之际，未尝不以之为言。是以诸子遵节，莫冀通显，或降级出守，或仍世不移，或盘桓利/居，匪期招命。斯固夫人之志，物议所不知。其杜渐防萌，皆此类也。魏太昌元年冬十一/月四日送亡嫂故司徒孝贞公夫人崔氏附葬先茔时，隆寒哀恸，因感旧疾。自斯大渐，/弥历岁时。而天地不仁，福谦无象。至永熙二年岁次癸丑春三月己丑朔十二日庚子/夜人定薨于洛阳之修文里舍，春秋七十一。以其年夏五月戊子朔九日丙申启途，十/五日壬寅祖引，越廿二日己酉，祔窆于荥阳之敖山之阳。哀嗣伯猷等擗摽永慕，穷叫/靡追。贪及余喘，略撰遗行。然书不尽言，无能万一。友人中书侍郎巨鹿魏收虽年在雁/行，而义均同志。后来之美，领袖辞人。托其为铭，式传不朽。其辞曰：/

虞谋似马，孔叹如龙。攸哉世业，郁矣民宗。丞相亹亹，德在歌钟。武昭赫赫，道被笙镛。皇/祖烈考，乃公帷牧。同株别干，台居衮服。连镳杨氏，并驱远族。崛彼曾峰，秀兹桥木。阴祇/纳祉，徽猷萃山。观图问传，言诗访史。外映琼瑶，傍沾兰芷。有行谁配，高名贵仕。清辉素/誉，俄焉在斯。六列咸序，四教无亏。再宣嫔德，重贻母仪。二耻齐契，三徙同规。邦家忻戚，/安危实有。抱虚斯应，持坚而守。去盈存谦，居薄推厚。于休靡逸，遘屯无咎。诜诜履训，扇/此风流。拟龙苞爽，类虎兼彪。仓仓并翥，宛宛俱游。方申家庆，遽即

泉幽。徒闻上寿，如何/下世。东龟告谋，西輀迈辙。坟埏暂启，山门行闭。颓陵可期，雕金永晰。

原题《北魏郑平城妻李晖仪墓志补释》，收入《纪念西安碑林九百二十周年华诞国际学术研讨会论文集》，北京：文物出版社，2008年；后改题《新出北魏〈李晖仪墓志〉与魏收〈魏书〉：北朝外戚书写的一个断面》收入拙著《中古时代的历史书写与皇帝权力起源》。

注释

〔1〕文载《燕京学报》第18卷，后收入氏著《魏晋南北朝史论集》，北京：北京大学出版社，1997年。新近研究，参见柴芃：《〈魏书〉秽史问题新证》，《中华文史论丛》2017年第4期。

〔2〕罗新：《跋北魏郑平城妻李晖仪墓志》，收入氏著《王化与山险：中古边裔论集》，北京：北京大学出版社，2019年。

〔3〕《魏书》卷一一《废出三帝纪》载："前废帝，讳恭，字修业，广陵惠王羽之子也。母曰王氏。少端谨，有志度。长而好学，事祖母、嫡母以孝闻。"北京：中华书局，1974年，第273页。这里的"嫡母"当指郑妃。

〔4〕罗文指出："李晖仪虽然13岁就出嫁，却是在结婚10年之后才生育长子郑伯猷。"依常理推测，李晖仪在长子郑伯猷之前应该生育有女儿，其长女郑妃更可能是郑伯猷的姐姐。幸运的是，郑妃墓志2004年亦于邺城出土，志题《魏故司空广陵惠王元羽妻郑太妃之铭》，志文记太妃姓郑，讳始容，母陇西李氏，弟伯猷。郑妃卒于北齐河清三年(564)，享年八十六岁，则当生于太和三年(479)。

〔5〕《魏书》卷一一《废出三帝纪》载前废帝庚午诏曰:"……夫三皇称皇,五帝云帝,三代称王,迭冲挹也。自秦之末,竞为皇帝。忘负乘之深殃,垂贪鄙于万叶。予今称帝,已为褒矣！可普告令知。"第274页。

〔6〕《魏书》卷一八《临淮王彧传》,第421—422页;《北齐书》卷一《神武帝纪下》,北京:中华书局,1972年,第18页。

〔7〕罗文指出,墓志载李晖仪所居之修文里,很可能就是李延寔所居之晖文里(见第五节),更可证二人关系之密切。

〔8〕见《魏书》卷一百四《自序》之唐长儒校勘记。

〔9〕李晖仪墓志序文模拟郑伯猷口气,以"友人"称魏收。罗文认为,从李晖仪墓志所反映的魏收与郑伯猷的关系看,《北史》卷五六《魏收传》所提到的"荥阳郑伯"其实就是"荥阳郑伯猷"。

〔10〕魏收辈分较元恭为高,但年龄却要小一些。元恭生于孝文帝太和22年(498年),魏收生于宣武帝正始三年(506年)。

〔11〕这里的"还乡扶侍"应该并非指返回其郡望所在的巨鹿下曲阳,而是指魏家在洛阳的居处。据《北史》卷五六《魏收传附魏子建传》,"元颢内逼,庄帝北幸"之时,魏子建"遂携家口居洛南。颢平乃归"。所谓"归"当然就是归于洛阳。又载其"卒于洛阳孝义里舍"。据杨衒之《洛阳伽蓝记》卷二景宁寺条,孝义里在"出青阳门外三里御道北",已在城外。

〔12〕李晖仪墓志记其卒于永熙二年(533)春三月十二日,葬于夏五月廿二日。而据《北史》卷五六《魏收传》,其父魏子建也卒于永熙二年春。推测魏子建应卒于李晖仪之后。若魏子建先卒,魏收就应该护送父亲灵柩回巨鹿家乡安葬,不太可能还有闲暇留在洛阳为李晖仪写作墓铭了。则可以判断魏收为李晖仪墓志作墓铭就在永熙二年三月下旬的几日之内。当然这对于"下笔便就,不立藁草,文将千言,所改无几"的魏收来说是非常轻松的。

石碑在“大和”边缘

在东京的电车里看到过这样的广告词:“无需合祀,你一个人的纪念碑。”

墓园公司的广告,预设受众显然是高龄女性,更大可能是丈夫先行去世的独身高龄女性。因为厌恶丈夫甚至不愿在死后接受夫妻合祀,这样的女性人数之多居然足以构成商机了,有些黑色幽默的意外。

结构上看,是典型的日语表达。“あなた(你)だけ(一个人)の(的)記念碑”。前面使用一连串平假名词汇做定语,最后是一个汉字词汇的结尾。以本土的平假名表达情感,以外来的汉字/片假名表达抽象,柄谷行人认为这种二元结构是日语乃至日本文化的重要特色[1]。严格说来,墓园里树立的应该是墓碑,并非一般意义上的纪念碑。所以广告词说“你一个人的纪念碑”,在观者心中唤起的与其说是具象的墓碑,不如说是抽象的“纪念碑性”。

结尾的“記念碑”三个字也很有趣。“記念”和“碑”都是很早就从中国传入日本的汉字词汇。从中国这边的词汇发生史来看,“碑”字的传入更要远早于“記念”。但二者组合而成“記念碑”一词，罕见于中国古典，反而可能是日本人在明治开国以后为翻译欧美词语而以汉字造作的新词，也对应了近代日本都市中渐次普及的各种“洋式”纪念碑实体。汉字、欧美语、洋式碑，包含了三重外来意义的“記念碑”一词在日本人心中唤起的感觉，与中国人说起“纪念碑”时相比，还是有微妙的差别。虽然后者大概也是近代从日本再输入的。

不过更引起我遐想的是，石碑作为一种纪念装置在古代日本的流行，比“碑”这个汉字的输入更是滞后了若干世纪。位于千叶县的日本国立历史民俗博物馆中，有一处特别展区，唤作“石碑小径”，据说是受到了西安碑林的启发创意。但与碑林的名碑如林相比，这里的确只能以“小径”称之。不到五十米的回廊里，仅仅汇集了十八座石碑的复制品。而这，已经是日本6世纪至11世纪五百年间留存下来的全部石碑。

在石头上刻字，似乎是很自然的创意。从古坟时代中期以降的大型石室和石棺来看，日本列岛文明并不缺乏加工大型石材的技术经验。而且这一时期正值大和朝廷大规模引进大陆文物，所谓“唐风文化”盛行于世。一批批被派往中国的遣唐使们，在长安、洛阳乃至神州各地，一定曾多次目睹过那些宏碑巨构。然而，他们竟无动于衷么？放眼华夏周边，高句丽早在5世纪初就树立了“好太王碑”，其中还专门夸耀了好太王在半岛南部对“倭国”的军事胜利。到了八世纪，与

“天可汗”的声威相应，甚至在蒙古高原腹地也有了阙特勤碑等唐式石碑。

“石碑小径”展示的十八座石碑，半数以上是佛寺遗物。其他就地域而言，多分布于今天的日本关东和东北地区。这里相对于以奈良、京都一带即所谓“畿内”为中心的大和国家而言，可以称之为“大和边缘”。位居中心的大和精英在引入大陆文化以为己用的时候，应该是有意识地将石碑排除在外了。正如在汉唐制度中居于意识形态顶端的祭天礼仪，也未曾被为大和国家所接受，因为祭天的原理与天孙降临神话并不契合〔2〕。其中的脉络，耐人寻味。

那么，石碑为何会出现在“大和边缘”？从地理上来说，这里距离大陆比畿内的朝廷更为遥远。与唐风文化盛行的京城相比，似乎是更为蛮荒的化外之地。如建立于762年的多贺城碑（位于今日本东北的宫城县）即云：

> 多贺城，去京一千五百里，去虾夷国界一百廿里。

“京”指平城京。“虾夷国”则是大和朝廷对尚未征服的东北人群的统称。道里远近的强烈对比，凸显的正是多贺城在日本古代国家的边缘感，与热门美剧《权力的游戏》中的“临冬城”差相仿佛。可是，石碑却出现在了这里，而非“君临城”。

谜底或许就隐藏在多贺城碑记载的“去靺鞨国界三千里”中。靺鞨国一般认为指中国东北的渤海国。渤海与大和朝廷早有国交，屡见于中日史籍记录。但多贺城碑未再提及任何其他日本列岛以外的政权。石碑并非大和定制，碑文里又特意书写距渤海国的道里远近，显示这一石碑刻写和树立的背后，或与当地的渤海移民关系密切。同样是建立于“东国”地区的山上碑和金井泽碑（位于今群马县），形制上与新罗石碑颇为接近，都是对天然岩块进行简单加工后直接刻写，也被认为是受到了当地新罗移民群体的影响。

多贺城碑拓片

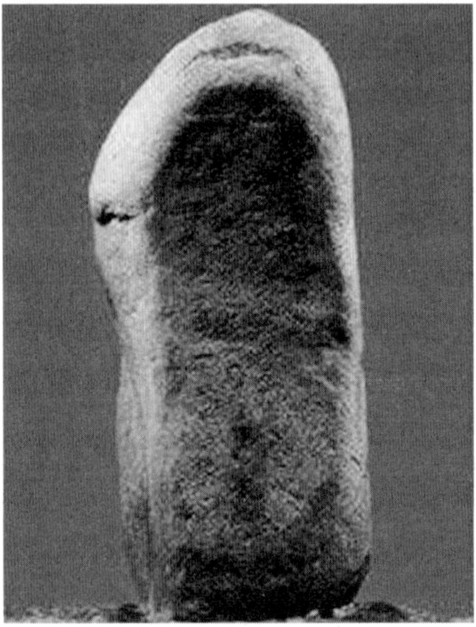

山上碑照片

今天，这些当初兀然树立于“大和边缘”的石碑，都已经是日本国的“重要文化财”，甚至申报了“世界记忆遗产”。而曾经活跃于东国的渤海人、新罗人和虾夷人，也早已不见踪影，被“合祀”于“日本人”了。从中看到“你一个人的纪念碑”，或许只是我的一厢情愿吧。

原题《“你一个人的记念碑”》，刊《文汇报·笔会》2016年9月11日。

注释

〔1〕柄谷行人:《日本精神分析》,东京:讲谈社学术文库,2007 年。

〔2〕参见渡边信一郎:《中国古代的王权与天下秩序(增订本)》,徐冲译,第六章《古代中国的王权与祭祀——以南郊祭天礼仪为中心》。

历史书写与中古王权

从2008年提交博士论文《汉魏革命再研究:君臣关系与历史书写》,到2012年出版小书《中古时代的历史书写与皇帝权力起源》,笔者对"历史书写"这一主题关注有年。在持续反思自身研究立场的同时,也注意到有越来越多的研究者共享了类似的问题关心。就集中活动而言,可以举出如2013年3月16—17日,复旦大学中华文明国际研究中心举办了"建构与生成:汉唐间的历史书写诸层面"国际学术工作坊;2014年4月19日,首都师范大学历史学院举办了"历史书写研究专场"史学沙龙;2016年8月出版的《中国学术》第38期也特别组稿刊发了数篇"历史书写"相关论文。在中国中古史领域之外,《历史研究》编辑部今年与南京大学历史学院合办的"第三届青年史学家论坛"以"史学功能与历史书写"作为主题,也是学界动向的一种反映。

如许多研究者所了解的那样,在东亚范围内的中国中古史领域,"历史书写"类研究以日本学界开展的最早,代表者如津田資久先生和安部聡一郎先生,均在2005年前就已经推出了系列成果。其后相当迅速扩展至中国大陆和中国台湾的研究社群，至少在东亚范围内可视为一种超出特定地域范围的普遍现象。同时也有一个现象比较突出，就是“70后”和“80后”的青年学者成为了这一波潮流的主力军。以近年在中国中古史学界颇具影响力的“中国中古史青年学者联谊会”的论文报告为例，自2007年创办以来，历届报告中可以归入“历史书写”类的题目如下表所示：

时　间	作　者	题　　目
2007·第1届	〔日本〕津田資久	《三国志·曹植传》的再检讨
2007·第1届	〔日本〕永田拓治	“状”与“先贤传”、“耆旧传”——从“郡国书”到“海内书”
2007·第1届	〔中国大陆〕徐冲	“开国群雄传”小考
2008·第2届	〔中国大陆〕魏斌	安世高传记的形成史——兼论早期江南佛教与土著信仰的关系
2008·第2届	〔日本〕永田拓治	汉晋时期“谣”的叙述：“音声世界”之“谣”与“文字世界”之“谣”
2008·第2届	〔中国大陆〕徐冲	“禅让”与“起元”：魏晋南北朝的王朝更替与国史书写
2009·第3届	〔中国大陆〕孙正军	想象的南朝史——以《隋书》所记梁代印绶冠服制度的史源问题为线索
2010·第4届	〔中国大陆〕陈侃理	从阴阳书到明堂礼——读银雀山汉简《迎四时》
2011·第5届	〔日本〕会田大辅	从对南朝表现的变化看西魏、北周、隋的对南朝意识
2012·第6届	〔中国台湾〕郑雅如	北朝世俗女性墓志中的佛教书写及其意义
2012·第6届	〔中国大陆〕胡鸿	星空中的华夷秩序：两汉至南北朝时期有关夷狄的星占言说

（续表）

时　间	作　者	题　目
2013·第7届	〔中国大陆〕徐冲	《续汉书·百官志》与汉晋间的官制撰述
2013·第7届	〔中国大陆〕聂溦萌	书目分类法发展视野下的"正史"的形成
2013·第7届	〔中国大陆〕游自勇	瑞与妖:中古《五行志》怪异书写之一端
2014·第8届	〔中国台湾〕林慧芬	正史《铁勒传》对中国北方形势的书写
2014·第8届	〔中国台湾〕杨晓宜	杜佑理想社会之建构——以《通典·食货典》为中心

以上归纳当然未必精确,同一篇报告可能具有多重特色。但大致可以看到,与一般印象相反,近十年来的"历史书写"类的研究,与传统"史学史"的研究脉络几乎毫无渊源,甚至从中可以辨认出某种"反史学史"的模糊面目。追溯起来,"史学史"与现代历史学的成立,本即有密切关联。而在以"现代性"为终点的历史叙述之外,中国史学史学科的身上更加入了在中国古代史学中寻求现代历史学踪迹的民族主义式基调。古代史家的"作品"与"思想"成为研究重点,而对这些进行评价的标准取决于学者所设定的与现代史学之间的距离远近。或许正缘于此,在以"启蒙"为主题的20世纪80年代,中国古代史和中国史学史尚能和谐互补;而到了21世纪的现在,中国大陆的古代史研究者已经能够与东亚诸地域的同道一起,共享某种"后现代"的时代氛围。在这一氛围

下，研究者可以更多的把目光转向“历史”被书写当时的具体语境，对于古人的表达本身抱持“同情的理解”，而未必要执着于从中寻找现代史学的影子。

对十年以来的这一研究潮流，学界的评价与理解自然多样。在受到相当多出之于所谓“实证史学”立场的批评之外，参与者各自的立场也未必一致。即以“命名”而言，作为先驱者的安部聪一郎先生，基本一贯以“史料论式的研究”来概括自己的成果及日本学界的相关研究。孙正军先生近年则力主以“史料批判研究”称之（最新主张见《魏晋南北朝史研究中的史料批判研究》，载《文史哲》2016 年第 1 期）。而吕博先生在介绍武汉大学“珞珈中古史青年学术沙龙”的近况时，在将“文本书写与史料批判”列为第一大类后，又有如下言说：“比如针对‘文本分析’这一方法，大家普遍认为，与其将‘文本分析’抑或‘史料批判’看作研究方法，不如将这种研究手段当作学者解读史料应当恪守的‘自觉’。”（载《中国中古史研究：中国中古史青年学者联谊会会刊》第 4 卷，中华书局，2014 年）这一发言传达出了位于中古史学界基底的实证潜流的微妙态度，一定程度上消解了“史料批判”这一命名的意义。

就个人立场而言，尤其是在总结和反思自身研究时，笔者还是更倾向于使用“历史书写研究”这一用语。无论怎样进行再定义，“史料批判”这一概念的出发点都是现代的研究者，即研究者使用的一种特定方法。而笔者所谓的“历史书写”,指称的是现代学者的研究对象。也就是说,笔者理想中的“历史书写研究”,是与政治史、制度史、宗教史、女性史等并列的研究领域。这一概念的出发点,是对古人的历史书写进行研究,与“史料批判”恰好相反。

那么,所谓“古人的历史书写”,指的是什么呢?与“史学史”的研究对象又有何不同?笔者对“历史书写”的理解基于如下假设:人类的社会行为均需要某种意识形态的指引,即必须在某种正当性的名义之下完成行动;而“历史”正是其中的重要资源之一。就如同“历史”一词既可以指过去发生的事情,也可以指对过去发生事情所进行的记录与叙述,“历史书写”同样也可以在狭义和广义两种层面上进行区分。狭义的“历史书写”,指成形的、可见的史学作品;这一意义上与传统史学史的研究对象存在很大重合。而广义的“历史书写”,可以理解为一种即时性的人类行为,即人们在行动之际无时无刻不在脑中对与己相关的过去进行理解和形塑,以此获得现实行动的正当性与安全感。如果不惜曲解科林伍德所言“人们以何种方式写作和思考历史,终究取决于他是什么样的人”和卡尔·贝克尔所言“人人都是他自己的历史学家”,或许也可以说,人人都在进行历史书写(广义),而不仅仅只是拥有历史书写(狭义)权力的特定作者。

作为时间秩序的臣服者,人类永远无法真正重返过去。也就是说,我们所能够拥有的,只能是狭义上的历史书写作品。但研究者不能因此就把目光局限于此,而忽视了构成其基础的广义上的历史书写行为。某一历史书写作品，必定是复数的和持续的历史书写行为，层累到一定程度后的结果。笔者所说的“对古人的历史书写”进行研究，某种程度上可以定义为，由狭义的历史书写作品（可见的、成形的、静态的），剥离、分析和复原出广义的历史书写行为（不可见的、复数的、动态的）。在这一意义上，“历史书写研究”未必只限定于中国中古史乃至中国古代史领域，其问题关心毋宁说是人类学式的。

毋庸讳言，即使是狭义的历史书写作品也包含了诸多层面和类型，尚有无数发掘空间。笔者此前的研究主要集中于汉唐间王权所进行的历史书写，也就是所谓“纪传体王朝史”（不仅仅是以完整面貌流传至今的“二史八书”，需要将在此期间诸王权所书写过的所有作品都纳入讨论范围）。王权的发生和维持，是人类文明中的核心秘密之一。但在中国古代史的场合，王权常常被简单的等同于暴力；与此相应，历史书写与王权的关系也容易滑向“直书”与“曲笔”的非此即彼。事实上，王权之能够成立，既包括了作为支配者的“君”，也包括了作为被支配者的“臣”；尤其是握有狭义历史书写权力的士人群体，更是王权形成的重要参与者。纪传体王朝史在性质上毋宁还是视为王权整体的自我历史书写较为妥当。

面对这样的历史书写（狭义），从意识形态结构的角度入手可能是较为可行的研究途径。这里的“意识形态结构”，主要不是指纪、传、表、志的基本要素，而是由此基本要素组合编织而成的各种结构性存在。以魏晋南北朝史领域为例，近年学者所挖掘出的意识形态结构就已经包括了开国群雄传、外戚传/皇后传、隐逸传、异族传、良吏传、西域传、恩倖传、百官表/百官志等等。某一具体结构的存在，在纪传体王朝史中为当时王权发挥何种意识形态功能，这是我们观察的第一个层面。由此更进一步，通过追踪与描摹这一结构成立与消亡的轨迹，揭示出王权构成与特质变化的历史过程，庶几可以接近那些转瞬即逝的广义历史书写。

原收入《笔谈："历史书写"的回顾与展望》(《中国史研究动态》2016 年第 4 期)。

京都学派？——学术史中的川勝義雄

日本学者川勝義雄(1922—1984)的名著《六朝贵族制社会研究》(以下简称“本书”),2007年底由上海古籍出版社作为“日本中国史研究译丛”之一种,推出了徐谷芃、李济沧两位先生翻译的中文版。作者川勝義雄是战后日本魏晋南朝史研究领域的重要学者,其与谷川道雄所共同提倡的“共同体论”,更在20世纪六七十年代对日本的整个中国史研究学界产生了影响。由谷川氏所主导的“译丛”编辑委员会[1],首先推出内藤湖南的《中国史学史》与本书,也从一个侧面反映了川勝氏在日本中国史研究学界所具有的地位。

川勝氏1922年生于京都市。1948年毕业于京都大学文学部史学科,1950年即入京都大学人文科学研究所(简称“京大人文研”)工作。此后除了短期的法国访学以外,近三十五年间基本都是在京大人文研开展研究工作,直至1984年因病逝世。《六朝贵族制社会研究》一书是他最为重要的作品。

本书题为“六朝贵族制社会研究”。在20世纪以来的中国中古史研究领域,“六朝”是一个所指颇为灵活的概念。中国学界多以此指自孙吴、东晋至于宋、齐、梁、陈这些建都建康的江南王朝，带有浓厚的地域色彩；而日本学界言及“六朝”者，则范围多包括了整个魏晋南朝，有时甚至也包括了十六国北朝在内[2]。本书所谓“六朝”指的是魏晋南朝。川勝氏认为，他在本书中所描述的“魏晋南朝的贵族制社会从成立至崩溃的过程，还是较为完整地显示出了中世前期贵族制社会的形象”；而“中世后期亦即隋唐帝国的核心部分源自北朝，所以应将北朝隋唐作为后期贵族制社会及其前史的问题另加探讨”[3]。

本书的主要内容共分为三编，分别为第一编《贵族制社会的形成》、第二编《朝向封建制的倾斜与贵族制》和第三编《贵族制社会的变质与崩溃》。每编下设四至五章，实际上每一章基本都是一篇独立的论文。在描述“魏晋南朝的贵族制社会从成立至崩溃的过程”时，川勝氏坦言他所关心的核心问题是，“如何思考贵族制社会与封建社会的关系”[4]。更明确的说，则是何以中国“中世”没有形成如西欧、日本那样典型的“封建社会”，而是形成了文人贵族优先的“贵族制社会”。

纵观上述三编的内容，正如渡边信一郎曾经敏锐指出的那样，在描述“魏晋南朝的贵族制社会从成立至崩溃的过程”时，上述三编并未贯彻同样的理路。相对来说，前两编的思路较为统一，是围绕乡论主义意识形态的形成来讨论贵族制的形成过程和本质所在；而明确提出其军事基础（如掌握北来流民武装）和经济基础（如大土地所有制、庄园经济等），都只是上述意识形态本质所派生出来的次要因素。但是第三编在讨论南朝贵族制的变质与崩溃时，主要关注的问题却是贵族如何丧失其军事实力和经济实力。而其本质所在的乡论主义意识形态在这一进程中究竟是如何变化的，起到了怎样的作用，并未明确〔5〕。不过之所以出现这样的差异，恰恰反映了川勝史学本身在日本战后三十年历史中的演进轨迹。

对于战后日本中国史研究展开的叙述，“京都学派”与“东京学派”之间的论争往往是叙述的重点。川勝氏的研究成果，一般也与谷川道雄一起，被归入内藤湖南、宫崎市定以来的“京都学派”这样一个系谱之中〔6〕。这当然应该纳入我们的视野。川勝氏本人也坦承，“对我的研究思路产生巨大影响的，是由内藤湖南开创，在宫崎市定、宇都宫清吉等诸位先生的继承下发展起来的所谓京都学派”〔7〕。然而，在深化我们对于川勝史学乃至于日本战后中国史研究理解的时候，这样的标签，是否可以提供足够的资源？或者更简单地说，是否足以解释本书第一、二编与第三编之间所出现的理路差异？早有论者指出，即使是在“京都学派”内部，内藤湖南关于“贵族政治”的构想，也并非是被完整继承的〔8〕。而在东与西的论争往复之中，事实上也很可能存在共通的背景和困境。也许从“时代”而不只是“学派”的角度，可以让我们更为深刻地理解学术史中的川勝史学。

本书日文版出版于 1982 年 12 月〔9〕，是由川勝氏在三十年间所陆续撰述的十几篇论文综合而成的。虽然每章最后都已经标明了最初发表的时间、刊出处等，为了讨论的方便，还是先按照这些论文最初发表的顺序，排列如下：

1.《贵族政治的成立》，1950 年；

2.《曹操军团的构成》，1954 年；

3.《门生故吏关系》，1958 年；

4.《货币经济的进展与侯景之乱》，1962 年；

5.《南朝贵族制的崩溃》，1962 年；

6.《刘宋政权的成立与寒门武人——从与贵族制的关联来看》，1964 年；

7.《汉末的抵抗运动》，1967 年；

8.《魏、西晋的贵族层与乡论》，1970 年；

9.《孙吴政权与江南的开发领主制》，1970 年；

10.《〈世说新语〉的编纂——元嘉之治的一个侧面》，1970 年；

11.《贵族制社会的成立》，1970 年；

12.《从孙吴政权的崩溃到江南贵族制》，1973 年；

13.《东晋贵族制的确立过程——与军事基础的问题相关联》，1979 年。〔10〕

1950 年的《贵族政治的成立》是川勝氏发表的第一篇论文。依据内藤湖南关于中国中世“贵族政治”的定义而展开自己的思考，似乎是比较“京都学派”的。然而若观察 1950

年前后的学界动向，又不能不感到这篇文章的特别。如所周知，这一年在东京的历史学研究会大会上，经由西嶋定生和堀敏一两氏的报告，以“世界史的基本法则”来把握中国历史的“历研派”正式登场〔11〕。此前，前田直典已经对京都学派的六朝隋唐中世说给予了强烈批判〔12〕。这时更体系化为秦汉至隋唐为奴隶制、宋以后为封建制这样的时代区分论，从而与京都学派以汉末划分上古与中世、以唐末划分中世与近世的时代区分论相对立。对此，京都学派的代表学者宫崎市定和宇都宫清吉很快也作出了回应〔13〕。值得注意的是，根据所谓的“唯物史观”主要从生产方式形态变迁来把握中国历史的“历研派”自不必说，即使是作为对立方的宫崎氏和宇都宫氏，也把更多的关注点放在了与社会经济相关的物质层面。具体到贵族制论，则倾向于在大土地所有制和庄园经济中寻找中世贵族的社会基础〔14〕。这种风气，事实上一直延续到了 20 世纪 60 年代前期。然而川勝氏的这篇“处女作”却从儒家国家理念和民间舆论的角度来考察贵族政治的成立，毋宁说与上述时代风潮保持着一定的距离。此文发表后受到增淵龍夫所谓“过于理想化”和“缺乏社会基础”的批判，似乎也可以从这样的角度来进行理解〔15〕。另外，这篇论文从汉末清流的特质来追寻魏晋贵族的基本性格，反而很容易让人联想到西嶋氏在此前一年所发表的论文《中国古代帝国の一考察——漢の高祖とその功臣》。如所周知，西嶋氏此文是从高祖集团的家内奴隶制性格来把握汉帝国之结构的[16]。

然而,从1954年《曹操军团的构成》开始,直到1964年《刘宋政权的成立与寒门武人》的发表,川勝氏并未延续第一篇论文中的上述思考。这十年间他显示了运用学界主流思路把握问题的能力,并且取得了不俗的成绩。《曹操军团的构成》和《门生故吏关系》可以看作是站在“京都学派”的立场对于历研派“六朝奴隶制论”的反击之作[17]。前文主张曹操军团的结合纽带乃是基于个人信义的任侠型结合关系,后文则认为门生故吏关系乃是自由民与自由民之间结成的个人臣从关系。但是,这种从个人之间的关系类型来把握时代性质的理路,事实上也是西嶋氏开其风气之先[18],尽管双方的具体结论完全相反。其后的《货币经济的进展与侯景之乱》和《南朝贵族制的崩溃》更是与战后社会经济史的研究主流合拍,明确将“江南贵族的经济基础在于其大土地所有以及庄园经营上”作为定说接受[19],从南朝后期货币经济的进展如何在促进商人和土豪将帅阶层兴起的同时,也让贵族丧失了社会经济基础,来说明贵族制的崩溃过程。自述苦于寻求贵族经济基础之法的守屋美都雄,对于川勝氏的这两篇文章给予了很高评价,也可以看出其与战后学界主流的合拍程度[20]。

值得注意的是,在《门生故吏关系》一文中,川勝氏把这种六朝时代的臣从关系称之为封建社会所特有的人格性结合。这是“封建社会”这一指称初次出现在他的论考之中。

其所强调的“自由民”“个人信任”等方面，显然是针对历研派的“奴隶制”“父家长支配”等概念而发。但是在作为对一种整体社会形态的指称这一点上，川勝氏对于“封建社会”的使用却是与历研派对于“奴隶制”的使用相通的，而不同于“京都学派”的前辈宫崎市定在其论考中所使用的法制史性的“封建制”概念。同时也可以观察到，在川勝氏这一时期的诸论考中，虽然“贵族”“贵族制”之语被频繁使用，但尚未出现“贵族制社会”这一概念〔21〕。其所谓的“贵族制”，实际上只是作为魏晋南朝时期的一种历史现象而言的——尤其指一种占据优势地位的“政治制度”，而并非指整个社会体制本身。这一用法，无论是“京都学派”的前辈宫崎市定，还是在并非“京都学派”的越智重明和矢野主税那里，也都是共通的〔22〕。

1967 年发表的《汉末的抵抗运动》一文在川勝氏的研究生涯中具有重要意义〔23〕。这篇文章吸收了前述增淵龍夫的批判意见，在谷川道雄“共同体论”的启发下〔24〕，从乡村社会的基底入手，重新讨论了 1950 年《贵族政治的成立》一文所考察的对象。其进展表现在如下几个方面：(一)通过“逸民式人士”的引入，将“清流”与小农阶层连接在一起，并将其斗争重点从维护“儒家国家理念”调整为乡邑“共同体秩序”的重建；(二)前者的对立面也从扰乱正当国家秩序的宦官政府调整为豪族的“领主化倾向”，即试图以其财力和武力对乡邑实行赤裸裸的支配。(三)儒教意识形态在豪族阶层中的广泛渗透，与上述抵抗运动一起，共同抑制了豪族的“领主化倾向”，使其未发展成典型的封建社会，而形成了以士人阶层为基础的贵族制社会。

可以看到，与之前的研究相比，川勝氏此文最大的进展，就在于从汉末乡邑社会内部把握魏晋“贵族制社会”的形成。这与谷川道雄对于“贵族制”的理解是密切相关的。此前学界对于六朝贵族的主流理解，毋宁说主要是以上层统治者为主体来进行把握的。为人所关注者，乃是“贵族”与其他统治势力（如皇帝、武人、寒人等）之间在权力格局上的进退，而对于贵族与民众之间的支配与被支配关系，则并无异议。在此可以说，“贵族制”基本是被理解为“贵族政治”的。川勝氏1950年的论文题为《贵族政治的成立》，从字面上也反映了对于贵族制的旧有理解。即使是宫崎市定关于“九品官人法”的“乡品—官品对应说”，也基本停留于其作为选官制度之一环的论述上。而谷川氏则对此做了进一步的解说：

> 官品为乡品所决定这一事实，即使可以看作贵族的身份、地位是由王朝所赋予的，本源上却是由其在乡党社会中的地位、权威所决定的，王朝不过只是承认机关——即使这种承认具有很大的作用。[25]

这样，高高在上的贵族就经由“乡品”而与乡邑中的民众发生了直接联系，从而获得了“社会基础”。两者之间的关系，也就由支配与被支配、剥削与被剥削，转为支持、代表与保护。川勝氏显然在这一思路上与谷川氏是完全接合的。“贵族”获得了“社会基础”，“贵族制”也顺理成章的发展为“贵族制社会”。川勝氏在此文中开始使用的“贵族制社会”概念，不再仅仅停留于一种政治制度，而是发展为一种囊括这一历史时期所有对象的整体体制，是可与“奴隶制社会”“封建社会”相对举的历史范畴。这一点和谷川氏的思考也是相通的[26]。

川勝氏在此文中也开始使用与豪族的“领主化倾向”相对应的“封建社会”概念。而所谓的“领主化倾向”，是指豪族以其财力和武力对乡邑实行赤裸裸的支配[27]。这与其前述1950年代研究中所揭示的“封建社会”像——基于个人信任的人格性主从关系——相比有很大的变化。另一方面，“贵族制社会”又是与共同体冀求运动和儒家意识形态支配联系在一起的。这样我们可以得到如下图式：

A：豪族领主化倾向——财力、武力支配——封建社会

↑　　↑　　↑

B：共同体冀求运动——儒家意识形态支配——贵族制社会

此后川勝氏的诸研究，可以说就是以上图式在三国两晋历史中的具体展开。1970年发表的《魏、西晋的贵族层与乡论》，通过“乡论环节的重层结构”这一概念——即乡或县、郡、中央三个层次上的乡论——来说明魏晋九品中正制创制的背景，并指出尽管上层的贵族集团实际上脱离了基层乡

论,但乡论主义意识形态仍然得以出现。同年发表的《孙吴政权与江南的开发领主制》,则在孙吴政权统治下的江南社会中观察到了上述图式中B的缺失和向A的倾斜。认为与曹魏、西晋统治下的华北社会相比,这显示了江南社会的后进性。由此,图式中的A/B又在地域差别的背景下带上了后进/先进的标签[28]。1973年发表的《从孙吴政权的崩溃到江南贵族制》和1979年发表的《东晋贵族制的确立过程》,则详细描述了流亡江南的华北贵族,如何利用先进的乡论主义意识形态与后进的江南豪族曲折周旋,最终在江南确立了贵族制社会的统治秩序。

今天看来,奠定川勝氏学术史地位的,无疑是他1967年后的诸研究[29]。然而在发表当时,在个别结论受到好评的同时,毋宁说以对于思路与立场的批判为多。这些批判,大多又是针对他和谷川氏所共同提倡的所谓"豪族共同体说"[30]。最能反映当时学界一般态度的,可以菊池英夫在《史学雜誌》1970年度的《回顾と展望》中的如下评论为例:

> 但是,关于谷川道雄《北朝貴族の生活倫理》一文,其过度强调精神因素和士大夫的伦理性,认为乡党共同体结合与支配服从的契机在于救济与谢恩之心的连结,"贵族作为贵族不可缺少的资格"在于"人格上精神性的高大",重田氏的批判也是理所当然的。这与谷川氏从前的立场也有所不同。很难想象,这是接受过阶级史观

洗礼的人的想法。[31]

对于学界的这种“意识形态式”的批判，川勝氏和谷川氏都做了回应[32]。虽然在回应中强调所谓“阶级史观”之神圣化乃是战后历史学的一大缺陷，但对于自己属于“接受了阶级史观洗礼的人”，谷川氏并不否认[33]。而川勝氏在回应中也言及，自己是在“能够消化谷川氏的共同体论后”，对于辩证法“才稍有领悟”[34]。同时，在本书中还可以观察到一个很有趣的细节变化，就是在1967年《汉末的抵抗运动》一文中，“逸民式人士”的“左/右”指称与前期相比发生了颠倒：

> 我曾经将清议之徒的抵抗视为左翼，而以逸民式人士为右翼（拙稿《六朝贵族制》，《歴史教育》第12卷5号，1964年，第27页），这主要是以抵抗的积极性和消极性来划分左右的。但是考虑到逸民具有的更接近民众这一阶级性质，本文对于左右作了重新划分。关于逸民的阶级性质，参照第四节。[35]

“左/右”颠倒的理由，在于对“逸民式人士”之“阶级性质”的判断。另外，在前期川勝氏研究中尚被叙述为没落与衰弱的乡邑小农，到了1970年发表的《贵族制社会と孙呉政権下の江南》与《贵族制社会の成立》两文中，却转而上升为形成乡论和阻止豪族“领主化倾向”的主体[36]。这样的变化，如果再和川勝氏自己“夸大妄想狂”的自我讽刺——试图以“豪族共同体论”来包容内藤湖南的“文化史性”贵族制论和历史唯物论立场的封建制理论[37]——联系起来,或许可以在“京都学派”的标签之外给我们以更多的启示。

原题《川胜义雄〈六朝贵族制社会研究〉评介》,刊《中华文史论丛》2009年第1期。曾作为附录收入拙著《中古时代的历史书写与皇帝权力起源》,收入本书时作了一定程度的调整。

注释

〔1〕此译丛编辑委员会包括夫馬進、古賀登、谷川道雄、尾形勇、岸本美緒、森正夫诸位。据《总序》可知,谷川氏在其中发挥了主导作用。

〔2〕谷川道雄即常如此使用“六朝”一词,如其代表作《中国中世社会与共同体》(东京:国书刊行会,1976年,本书所引为中译本,马彪译,北京:中华书局,2002年)第一编第二章题为《中国的中世——六朝隋唐社会与共同体》,第四编题为《六朝名望家统治的构想》,其中的“六朝”都是统括魏晋南北朝而言的。

〔3〕本书《序》,第5页。

〔4〕本书《序》,第1页。

〔5〕渡辺信一郎:《六朝史研究の課題——川勝義雄著「六朝貴族制社会の研究」をめぐって》,《東洋史研究》第43卷1号,1984年,第176—177页。

〔6〕代表性综述如刘俊文:《日本的中国史研究④　中国史研究的

学派与论争（上）》，《文史知识》1992 年第 4 期；同氏：《日本的中国史研究⑤　中国史研究的学派与论争（中）》，《文史知识》1992 年第 5 期；同氏：《日本的中国史研究⑥　中国史研究的学派与论争（下）》，《文史知识》1992 年第 7 期。又可参见高明士：《战后日本的中国史研究》，台北：东升出版事业公司，1982 年。

〔7〕本书《序》，第 2 页。

〔8〕川合安：《六朝隋唐的“贵族政治”》，收入氏著《六朝贵族制研究》，柴栋译，上海：复旦大学出版社，2022 年。

〔9〕川勝義雄：《六朝貴族制社会の研究》，东京：岩波书店，1982 年。

〔10〕参见谷川道雄：《貴族制と封建制：川勝義雄氏の遺業に寄せて》，收入氏著《中国中世の探求——歴史と人間》，东京：日本エディタースクール出版部，1987 年，第 257—258 页。

〔11〕参见“历史学研究会”编：《国家権力の諸段階—1950 年度歴史学研究会大会報告》，东京：岩波书店，1950 年。其中西嶋报告《古代国家の権力構造》后又作为附录收入氏著《中国古代国家と東アジア世界》，东京：东京大学出版会，1983 年。

〔12〕前田直典：《東アジアに於ける古代の終末》，收入鈴木俊、西嶋定生编：《中国史の時代区分》，东京：东京大学出版会，1957 年。

〔13〕宫崎市定：《宋代以後の土地所有形体》，收入《宮崎市定全集 11　宋元》，东京：岩波书店，1992 年；同氏：《中国史上の莊園》，收入《宮崎市定全集 8　唐》，东京：岩波书店，1993 年；宇都宮清吉：《僮约研究》，收入氏著《漢代社会経済史研究》，东京：弘文堂，1955 年。对于以上论争经过，谷川道雄为《戦後日本の中国史論争》（名古屋：河合文化教育研究所，1993 年）所撰《総論》无疑是最为简洁而精当的介绍。

〔14〕参见前引渡辺氏书评，第 175 页。

〔15〕增渊龍夫:《後漢党錮事件の史評について》,收入氏著《中国古代の社会と国家(新版)》,东京:岩波书店,1996年。

〔16〕收入前引氏著《中国古代国家と東アジア世界》。

〔17〕五井直弘在1950年代尝试将西嶋理论运用于六朝史研究,发表了《後漢時代の官吏登用制「辟召」について》,《歴史学研究》第178号,1954年;《曹操政権の性格について》,《歴史学研究》第195号,1956年。

〔18〕参见池田温:《史学雑誌・回顾と展望・1958年・三国~唐》,史学会编:《日本歴史学界の回顧と展望 『史学雑誌』第59~95編 第5号復刻》13《中国Ⅱ 三国~唐 1950~85》,东京:山川出版社,1987年,第47页。

〔19〕本书,第292页。

〔20〕参见守屋美都雄:《史學雜誌・回顧と展望・1962年・魏晉南北朝》,同上注所引书,第90页。

〔21〕在1962年发表的《六朝貴族社会と中国中世史》(收入氏著《中国人の歴史意識》,东京:平凡社ライブラリー,1993年)一文中,川勝氏使用了"六朝贵族社会"这一概念。但这与他1967年后所谓的"贵族制社会"是完全不同的。

〔22〕参见中村圭爾:《六朝貴族制論》之二《貴族制の概念》,收入谷川道雄编:《戦後日本の中国史論争》,第74—79页。

〔23〕参见谷川道雄:《貴族制と封建制:川勝義雄氏の遺業に寄せて》,第270页。

〔24〕从1960年代开始,川勝氏与谷川道雄一起组织了中国中世史研究会,其研究受到谷川氏"共同体论"的极大影响。见本书《序》,第3页。

〔25〕谷川道雄:《六朝貴族制社会の史的性格と律令体制への展開》,《社会経済史学》31—1~5,1966年。前引中村氏《六朝贵族制论》一文已经指出了谷川氏对于宫崎学说的这一发挥(第98页)。

〔26〕参见前引中村氏《六朝貴族制論》之二《貴族制の概念》。

〔27〕前引渡辺氏书评引用西欧和日本“封建领主制”的研究成果，批判了川勝氏对于“领主”的这种理解。

〔28〕川勝氏从“先进”的角度来把握中国的六朝社会，似也与1960年代冷战背景下国际学界的“封建制”研究中“亚洲停滞论”再次兴起的一波潮流相关。参见前引谷川氏《中国中世社会与共同体》第一编第一章与第二编第四章中的相关介绍。

〔29〕参见谷川道雄：《日本における魏晋南北朝史研究の回顧》，《中国史学》第2卷，1992年，第224页。较新的反思与讨论，参见安部聡一郎：《党錮の「名士」再考—貴族制成立過程の再検討のために》，《史学雑誌》第111卷10号，2002年；同氏：《清流・濁流と「名士」—貴族制成立過程の研究をめぐって》，《中国史学》第14卷，2004年。

〔30〕如重田德：《中国封建制研究の方向と方法—六朝封建制論の一検討》，《歴史科学》第247号，1971年。参见谷川道雄：《「共同体」論争について—中国史研究における思想状況》，收入前引氏著《中国中世の探求——歴史と人間》。

〔31〕参见菊池英夫：《史学杂志・回顾と展望・1970年・魏晋南北朝》，史学会编《日本歴史学界の回顧と展望　『史学雑誌』第59～95編　第5号復刻》13《中国Ⅱ　三国～唐　1950～85》，第202页。

〔32〕参见川勝義雄：《重田氏の六朝封建制論批判について》，收入前引《中国人の歴史意識》；谷川道雄：《「共同体」論争について——中国史研究における思想状況》《日本における魏晋南北朝史研究の回顧》。

〔33〕参见谷川道雄：《「共同体」論争について——中国史研究における思想状況》，第192页。

〔34〕参见川勝義雄：《重田氏の六朝封建制論批判について》，第342页。

〔35〕本书第一编第二章《汉末的抵抗运动》,第28页,注1。

〔36〕参见安部聡一郎:《清流・濁流と「名士」——貴族制成立過程の研究をめぐって》,第170页。

〔37〕参见川勝義雄:《重田氏の六朝封建制論批判について》,第346页。

“正史”不是通往古代世界的障碍，而是桥梁

澎湃新闻：你在2012年出版了以博士论文为基础的《中古时代的历史书写与皇帝权力起源》（以下简称“本书”），请问最早你是如何关注到“中古历史书写”与“皇帝权力起源”这样一个选题的？

徐冲：这里有一个变化的过程。我从本科一直到博士均是在北大就读，将近10年。北大的魏晋南北朝史研究有悠久的传统，从周一良、田余庆、祝总斌三位先生所谓“三驾马车”，到我的老师阎步克、陈苏镇、罗新这一辈。而关于制度史的研究，又是北大中古史中心的传统强项。如邓小南老师的“活的制度史”，阎老师提出的“制度史本位”，都是这一传统不同面向的发挥。同时所谓“政治文化史”的视角也通过陈苏镇老师和阎老师的论说而为学人推重一时。

在这种氛围的影响下，我从本科论文开始受到的就是广义上的制度史训练，“历史书写”的课题最初完全没有关注过。但后来在研三时获得了去日本大阪教育大学留学的机会。在日本一年半的时间里，某种意义上可以说暂时脱离了

北大中古史中心浓厚的制度史氛围。当时日本魏晋南北朝史学界从“历史书写”角度进行的研究已经有不少成果，大多出自1970年代出生的一批青年学者。如津田資久研究了《三国志·魏书》的叙述结构，他在陈寿的书法背后解读出了很多针对西晋当代政治的意图。对我影响更大的是安部聡一郎，他检讨了范晔《后汉书》的史料来源，发现我们印象中一些东汉的经典形象在东汉当时的史料如《东观汉记》和汉碑中并不存在，一定程度上是被魏晋南朝的士人根据他们的观念在一个历史过程中逐渐塑造成形的。这些研究当时给我很大的冲击。此前一直将“史学史”视为历史研究的某种基础领域，现在却看到了它与政治史、制度史诸领域之间的同质性，换言之，就是边界的消泯。

更为具体的契机是在日本的最后半年，我开始和永田拓治（当时是大阪市立大学博士生，中村圭爾先生高足）一起研读刘知幾的《史通》。刘知幾是一个很有趣的人，对前代和当代各种史学作品，他多有苛评，常常连司马迁和班固都难以幸免。我们以前总认为刘知幾是从所谓“史学理论”的角度来写作《史通》的，但实际上关于史书的“书法”，他有很多批评都涉及具体作品甚至是其中细节的比较，反映出的是汉唐间不同时代的观念差别。我正是带着刘知幾的疑问开始了自己的研究。如小书中的“开国群雄传”“外戚传”等主题，最初的灵感都来自和永田兄一起阅读的《史通》。

不过之前北大制度史传统的规训还是非常强大的。从博士论文到现在出版的这本小书，我一直希望能够将历史书写、权力结构和意识形态三种研究旨趣融汇于一体。后面两种取向应该说就是脱胎于制度史和政治文化史的传统。小书以《中古时代的历史书写与皇帝权力起源》为题，意在于此。

澎湃新闻：你在研究中主要运用的史料是一般所谓的"正史"，但正如你在本书前言中所说："作为传统史学的代表，正史在民国以降的主流历史学中颇有'污名化'的趋势"，那么在越来越重视出土新材料的现代史学趋势下，你为何依然对那些"旧史料"情有独钟？

徐冲：我当然并非排斥出土文献等新史料，有必要的话，我也会尽可能使用新的史料。但在目前中国古代史研究（宋以前）中对新史料的重视成为了某种"时尚"。历史地看，这与中国现代史学确立过程中对所谓"旧史学"的批判有密切关系，比如梁启超写《新史学》的时候对"二十四史"的攻击，当然后来新文化运动就攻击得更厉害了。但其实我们看梁启超后来的授课笔记，比如《中国历史研究法》中所谓"专传的做法"，他实际上还是在强调要批判性继承纪传体正史的传统。可见他当年的那些攻击实质上是一种策略，有独特的语境，却不可避免地在表达场合以外产生了另一种社会效果。而现实中这种倾向或者"时尚"又常常与以课题申请为导向的经费分配体制和以量化成果为指标的学术评价体系密切结合。这种时候如我这样甫入学界的青年学人，对是否要以"预流"为尚还是要保持足够的警醒之心。

或许有人会说，出土史料更加接近真实的历史，而正史的“史学价值”就要大打折扣，因为它是经官方修饰过的。但官方认可的正史恰恰是当时意识形态的最好表现形式，是时代精英的观念荟萃之地。它并不是现代历史学家各取所需的史料库，而是具有内在逻辑的作品。我们需要正视古人自身的表达与认同，无论其来自朝廷还是民间。在这一意义上，“正史”（不仅限于“二十四史”）可以说正是通往古代世界的一道桥梁。当然，对它必须进行真正历史学意义上的批判性解读，小书四个单元“起元”“开国群雄传”“外戚传/皇后传”和“隐逸传”所作的正是这样的工作。

澎湃新闻：虽然你在研究中主要使用的是传统“正史”材料，但对北朝石刻史料也尤为关注，那么你认为应该如何处理这两类材料之间的关系？近些年北朝石刻史料有无重大发现？

徐冲：我很早就开始关注北朝石刻史料，但近两年在研究中更加认识到它们的重要意义。北朝石刻史料主要是地下出土的墓志，地面的碑刻留存不多。相比唐代来说，北朝墓志又集中于社会上层，正史中大多会有相关记录。传统的讨论如赵万里《汉魏南北朝墓志集释》所见，基本是以墓志对比正史中关于人物和史事的记录，即所谓“订史补史”。这里面隐含的前提当然是正史的整体感和墓志的碎片感。但在我看来，北朝正史和墓志又分别呈现出强烈的碎片化和集中化的趋势，使得我们对上述传统认识需要保持反思。

与魏晋南朝相比，北朝正史的多元性或者说碎片化是一个值得注意的现象。比如我们今天看到的《魏书》，是北齐以北魏国史为基础所修的前朝史。北魏纪传体国史为孝文帝迁都洛阳后所修，其中本就包含了洛阳精英对迁都之前平城时代的再书写。而河阴之变后政治格局的巨变乃至东魏、西魏的成立，也在国史书写中留下了深刻烙印。相对《魏书》来说，另一个和北朝史相关的系统史料是唐代修的《北史》，它是来自于西魏北周和隋的法统，与东魏北齐又是相对立的。同一家族，《北史》和《魏书》中的记载常有不同。所以这是一个很复杂的政治史状况。

有趣的是，墓志在北魏的流行与纪传体国史的修撰大体是同步的，都在孝文帝迁都洛阳之后的十几年中。与南朝相比，北魏墓志的生产虽然也有很强的公共性，但丧家仍然是其中的作为主体，对墓志的面貌具有决定性的作用。事实上北朝正史也有类似的特质。魏收在北齐时修《魏书》之所以被诟病为“秽史”引起那么大的风波，根本原因还是北朝社会中权贵家族对正史修撰的强烈参与感。这和我们对于南朝和北朝通常的刻板印象可能是相反的。

所以在我看来，相比其他时段，北朝墓志相对正史的“发言权”要大得多。一方面因为它更接近于历史现场，在之后的历史发展过程中可能也没有被吸纳进正史里面去。另一方面我们今天看到的北朝正史中的记载，很可能也只是某一个阶段、某一批人的政治表达。这种表达的特殊性，如果不对比其他史料，仅仅看正史，我们是意识不到的。但新出土的墓志往往可以给我们提示这样的线索。特别是当这些墓志以家族为单位成规模出现时，其实已经构成了足以和正史叙述相匹敌的史料群，而绝非仅仅只是“订史补史”而已。理解北朝，如果没有这些新出土的墓志，我们看到的从南北朝到隋唐的历史发展过程，就是仅仅通过《魏书》和《北史》而得到的粗糙零散印象，且充满了各种矛盾。

澎湃新闻：本书第一部分研究了魏晋南北朝时期国史书写中的“起元”问题，也就是一个王朝的史书应该从何时开始叙述的问题。那么通常决定这个“起元”时间的因素都有哪些？不同的“起元”时间会对皇帝权力合法性产生哪些影响？

徐冲：起元问题确实是本书的一个重要主题。中国古代王朝的历史书写中，有本朝自身所修的“国史”，“起元”指的其实就是国史书写皇帝事迹时所需要的一个时间秩序。“元”在中国古代有着很多经典意象，它意味着君主身份的开始。所以从哪一个时间点开始书写元年，就是人们认可的新王朝君主身份的确立时间。其背后隐含的意义，当然就是如何处理与旧王朝之间的关系。也就是说，新王朝的创业之主，是从何时开始“正当的”摆脱旧王朝“臣”的身份，而开始成为新王朝之“君”。这是王朝“历史书写”的核心问题。小书的题目《中古时代的历史书写与皇帝权力起源》，最为切近的就是“起元”问题。

表面上看，国史从何时起元的书写决定权是在具体负责的史官手里，但以魏晋南北朝当时的状况来说，其实是全体朝臣一起参与讨论的。最后起决定作用的还是统治集团的意识形态，而非史官个人。我们看到魏晋时期国史以禅让后起元，而南北朝时期国史以禅让前起元，显示出两个时代意识形态中对于皇帝权力正当性来源的不同认知。相对来说，前者更强调创业之主在前朝的“臣”的身份。

澎湃新闻：“禅让”前后成为你划分魏晋国史与南北朝国史“起元”时间的界线。纵观整个中国历史上的朝代兴衰，为何“禅让”会成为中古时期王朝更替的基本模式？

徐冲：从纯粹的王权形成角度来说，最核心的基础无疑仍然是暴力，所谓“枪杆子里面出政权”。纵观整个国史，凡是缺乏暴力的王权都是不稳定的。比如说王莽政权是无血革命，合法性仅仅来自理论，却没有通过大规模流血而带来的服从，肯定都不会长久。

禅让作为古代王朝更替的一种模式，最初是上古传说，但从魏晋开始，它演变成了一种在现实世界中操作的模式。这其实直接反映出魏晋时代士人的意识形态，即他们认为皇帝权力的更替应该通过这样的模式而正当实现。魏晋时代皇帝的出身与士人群体基本一致，这种契合在西晋表现得特别明显。西晋本身的历史虽然不长，但奠定了以后中古时代很多政治和文化方面的制度性来源。东晋的所谓“门阀政治”非常特殊，到南朝皇帝权力恢复至正常状态，但皇帝的出身与士大夫已经有很大差别。

其实在西晋结束后，占据华北的所谓五胡时代，并没有禅让这一说。大家都是枪杆子里面出政权。北朝真正的禅让始于北魏孝文帝迁都洛阳之后，北朝在思想上向华夏传统靠拢，整个精英阶层都有一个很大的转向。比如河阴之变以后，虽然洛阳权贵损失大半，但当出身北境六镇的人群创立北齐、北周时，却都采纳了禅让仪式来表示自己继承了北魏的正统。此后从隋唐一直到赵匡胤黄袍加身，也在搞禅让。但这些恐怕都只能视为魏晋传统作为一种文化资源的影响。后来在辽金和蒙元的冲击下很快就消失了。

魏晋时期在整个中国古代史中都是极为特殊的，时间不长，却影响深远。其中最重要的原因恐怕是因为这个时代恰好是之前一个长时段历史进程的总结。大体而言，中国古代从战国后期到汉武帝可以作为一个阶段，特点是专制君主权力的成长。之后由东汉过渡到魏晋，这是儒学士人阶层的上升时期。这样说不仅是因为他们在统治阶层中的比例变高，更展现出一种对权力结构整体的“设计感”。东汉末年士人群体掌握政权登上历史前台之后，就是这种“设计感”全面铺开与爆发的时代，以至于皇帝权力结构自身也成为了改造与重构的对象。我将其称为“汉魏革命”。这个革命的进程虽然因为“五胡乱华”和南北朝的成立而没有得到完整发展和表现的机会，但所取得的各种成果仍然构成了中古时期的“经典资源”。“禅让”只是其中的表现之一。

澎湃新闻：你从中古史书的书写结构（“开国群雄传”“外戚传/皇后传”与“隐逸列传”）入手，为审查皇帝的权力来源提供了一个独特的视角，那么除却中古时代以外，你认为这种视角有无普遍性？

徐冲：如果关注的是历史书写、政治权力以及人们的观念、行动之间关系的话，那当然是具有普遍性的。比如从当代史中，我们可以更清楚地看到历史书写本身的作用，不同文本呈现出的不同历史解释，对于历史解释权的争夺，是一种再清楚不过的历史书写动力。

不过，这种视角如果仅仅是指处理史料的方法，在我看来还是有特殊性的。因为在魏晋南北朝时期，人们主要还是通过正史来表达对于国家权力结构的一种认可。而唐、宋以后，书写历史的方式更加多元，正史的主流地位每况愈下。即使在正史中，纪传体也不再享有唯我独尊的地位，比如编年体的《资治通鉴》、纪事本末体等各种书写体裁都开始出现。所以宋、元以后我们处理史料的路径和方法应该都会相当不同。

魏晋时人们对于制度和书写，尤其是对官方的书写怀有一种神秘感和力量感。他们会认为正史这样的历史书写就是世界秩序的一部分，这种态度或可称之为“制度神秘主义”，我们也可以视为一种特殊的“卡里斯马”(charisma)。比如《续汉书·百官志》是关于东汉官制的基本史料，它本身是西晋人司马彪写的，他大量利用了东汉时代官簿(东汉官制的行政性记录)的史料。但司马彪在写作《百官志》时实际上参照了《周礼》的经典书写模式，等于是按周制写汉制，实际上内心最关心的还是西晋，是想给同时代人做出一个制度范本。这样的想法在唐代以后恐怕就不太流行了。

澎湃新闻：你在本书附录中收录了对川勝義雄《六朝贵族制社会研究》(上海古籍出版社，2008年)的评介文章，并且还翻译过日本学者渡辺信一郎的《中国古代的王权与天下秩序》(中华书局，2008年)，从论文中也可看出你对日本的中国古代史研究十分熟悉，能否介绍几位对你影响较大的日本学者？

徐冲：日本学者的研究在中国古代史的各个领域都有巨大影响，而我最关注的还是秦汉到隋唐的研究。在日本留学期间，我和很多日本学者深入交流，也阅读了大量的论著。和国内一般的印象不太一样，所谓东京学派和京都学派的对立构图在我看来可能并不成立。这个说法有误导性，即使有对立的因素，那也只是很小的层面。1945年之后整个日本学界的潮流是所谓的左派史学，这一点和中国大陆并无太大不同。我为川勝義雄《六朝贵族制社会研究》所写的书评也是在强调这一点。虽然传统上川勝義雄和谷川道雄被认为是京都学派第三代的代表，但他们受到左派唯物史观的影响都是非常大的。当年二人提出“共同体论”后遭到学界严厉批判，有人甚至说难以想象这是受过“阶级史观”洗礼的学者所为，耐人寻味。

从某种程度来说，对我影响最大的日本学者是西嶋定生。西嶋本身的治学范围非常广泛，像秦汉史、明清经济史、日本史等都有很高的成就。具体研究方面，我从他的秦汉史研究里受益很多。但他对我的影响更多是在思维方式上，而且是透过语言的媒介。

我在复旦给研究生开有一门“日本学者中国史研究精读”的课，内容更多是日语文献翻译，目的主要是训练同学们读专业日语文献的能力，而我选择的主要就是西嶋的论文。他的文章虽然总有点理论先行的感觉，但可以把精细的史料分析和整体的时代把握结合得恰到好处，并且用一种极具魅力的论述方式表达出来。

或许是我的英文不够好，对我来说，每次读像西嶋这样的日语，能用结构复杂而又逻辑严整的方式去论述一个历史主题，都感到惊艳。当然，西嶋的语言也是从 20 世纪 40 年代后的日本学术共同体中发展出来的，我们可以对比一下宫崎市定的语言，就会感觉到其中的差别非常大。宫崎的论文很好读，简洁、凝练，充满古风。但西嶋则不同，他擅长用复杂的从句，表达更为明晰、丰满和严谨。

我想，现代汉语还处在一个发展演化的漫长过程之中。最初的汉语作为一种学术语言是不合格的，都是短句子，如果想用复杂的从句来叙述，会被人觉得你说话比较怪。但我想这反而说明了现代汉语作为学术语言存在天然的不足，需要我们不断为之努力。在这一意义上，我站在鲁迅“硬译”的一边。

原刊《澎湃新闻·私家历史》2014 年 12 月 23 日，访谈者为钱冠宇先生。

图书在版编目(CIP)数据

带献帝去旅行:历史书写的中古风景/徐冲著.—
上海:上海人民出版社,2024
(论衡)
ISBN 978-7-208-18460-2

Ⅰ.①带… Ⅱ.①徐… Ⅲ.①中国历史-魏晋南北朝
时代-文集 Ⅳ.①K235-53

中国国家版本馆 CIP 数据核字(2023)第 152012 号

责任编辑 高笑红
封面设计 赤 徉

论衡
带献帝去旅行
——历史书写的中古风景
徐 冲 著

出 版 上海人民出版社
(201101 上海市闵行区号景路 159 弄 C 座)
发 行 上海人民出版社发行中心
印 刷 江阴市机关印刷服务有限公司
开 本 787×1092 1/32
印 张 8.75
插 页 5
字 数 157,000
版 次 2024 年 1 月第 1 版
印 次 2024 年 1 月第 1 次印刷
ISBN 978-7-208-18460-2/K·3309
定 价 58.00 元